AF100618

www.ingramcontent.com/pod-product-compliance
Lightning Source LLC
LaVergne TN
LVHW010554070526
838199LV00063BA/4969
* 9 7 8 9 3 5 8 7 2 9 8 6 3 *

کچھ خاکے کچھ باتیں

(خاکے)

مصنف:

پروفیسر رحمت یوسف زئی

© Taemeer Publications LLC

Kuch khaake kuch baateiN (Khaake)
by: Rahmat Yousuf Zai
Edition: December '2023
Publisher :
Taemeer Publications LLC (Michigan, USA / Hyderabad, India)

ISBN 978-93-5872-986-3

مصنف یا ناشر کی پیشگی اجازت کے بغیر اس کتاب کا کوئی بھی حصہ کسی بھی شکل میں بشمول ویب سائٹ پر اَپ لوڈنگ کے لیے استعمال نہ کیا جائے۔ نیز اس کتاب پر کسی بھی قسم کے تنازع کو نمٹانے کا اختیار صرف حیدرآباد (تلنگانہ) کی عدلیہ کو ہو گا۔

© تعمیر پبلی کیشنز

کتاب	:	**کچھ خاکے کچھ باتیں** (خاکے)
مرتبہ	:	**پروفیسر رحمت یوسف زئی**
پروف ریڈنگ / تدوین	:	اعجاز عبید
صنف	:	خاکے
ناشر	:	تعمیر پبلی کیشنز (حیدرآباد، انڈیا)
سالِ اشاعت	:	۲۰۲۳ء
صفحات	:	۱۰۰
سرورق ڈیزائن	:	تعمیر ویب ڈیزائن

فہرست

(۱)	دکن کا بانکا: سلیمان خطیب مرحوم	6
(۲)	علی باقر	12
(۳)	منجو قمر بحیثیت شاعر	19
(۴)	نابغہ روزگار علامہ اعجاز فرخ	23
(۵)	اکبر الہ آبادی	31
(۶)	یوسف ناظم کا فن	42
(۷)	برق یوسفی: شخص اور شاعر	50
(۸)	فیض الحسن خیال: یک دردمند شاعر	56
(۹)	امام الدین فدا اور ان کی شاعری	59
(۱۰)	مولوی عبدالحق اور انکے عزیز شاگرد شیخ چاند	67
(۱۱)	سودا: تضحیک روزگار اور دہلی	79
(۱۲)	اردو افسانہ اور یوسف ساجد	86
(۱۳)	ذوق کی قصیدہ نگاری	92

(ا) دکن کا بانکا: سلیمان خطیب مرحوم

دکن شاعری اور خصوصاً مزاحیہ دکنی شاعری کا جب بھی ذکر آئے گا، سلیمان خطیب کا تذکرہ ضرور ہو گا۔ اور نہ صرف تذکرہ ہو گا بلکہ یہ بھی ضرور کہا جائے گا کہ سلیمان خطیب کا لب و لہجہ تو خیر منفرد ہے ہی، ان کا انداز بھی نرالا ہے۔ دکنی شاعری کو ہندوستان بھر میں بلکہ دنیا بھر میں آج کل صرف مزاح کی چیز سمجھ لیا گیا ہے۔ وہ لوگ جو اس زبان کے لوچ سے واقف نہیں، اس کی نزاکتوں سے آگاہ نہیں جب دکنی سنتے ہیں تو فصیح اور غیر فصیح، متروک اور غیر متروک کے چکر میں پڑ کر شاعری کی روح تک پہنچنے سے قاصر رہتے ہیں۔

سلیمان خطیب کو کمال یہ ہے کہ انہوں نے الفاظ اور محاورے ایسے استعمال کئے جو بالکل مقامی رنگ لئے ہوئے ہوتے تھے۔ لیکن موضوعات اتنے گمبھیر ہوتے تھے کہ وہ لوگ جو دکنی مزاج نہیں رکھتے وہ بھی ان کی تخلیقات کی سحر آفرینی سے بے پناہ متاثر ہوتے تھے۔ یہی وجہ ہے کہ ہندوستان کے شمال سے لے کر جنوب تک جہاں جہاں سلیمان خطیب کا کلام پہنچا لوگوں نے واہ بھی کی اور ان کی نشتریت سے متاثر ہو کر آہ بھی کی۔ دکنی زبان میں مٹھاس ہونے کی سب سے بڑی وجہ یہ ہے کہ اس میں تصنع نام کی کوئی چیز نہیں جو دہلی اور لکھنؤ کی زبان کا طرۂ امتیاز ہے۔ دہلی اور لکھنؤ کی زبان میں بلاشبہ شستگی ہے۔ لیکن یہ شستگی اختیار کردہ Adopted ہے۔ جب کہ دکنی سیدھے سادے لوگوں کی سیدھی سادی زبان ہے۔ آج ہم جس زبان میں لکھتے اور پڑھتے ہیں بلکہ یوں کہنا چاہئے کہ

جس اردو دنیا بھر میں لکھا اور پڑھا جاتا ہے وہ صرف علمی زبان ہے۔ یا پھر دہلی اور لکھنؤ کے صرف چند گھرانوں میں بولی جاتی ہے۔ چند گھرانے اس لئے کہنا پڑتا ہے کہ وہاں کے عام لوگوں کی زبان میں کھری بولی اور پوربی کا اثر ہے۔ اسی طرح ہندوستان بھر میں ہر علاقے کی زبان یا بولی علیٰحدہ ہے۔ دکنی کا صحیح لطف اس کے لہجے میں اور اس کی لٹک میں ہے۔ وہ لوگ جو دکنی سے اس کے مزاج اور اس کی نزاکتوں سے واقف نہیں ہوتے ان کے نامۂ اعمال میں بڑی بڑی اور موٹی موٹی کتابیں صرف اس لئے درج ہو جاتی ہیں کہ کسی اور نے یہ کام نہیں کیا۔ تدوین متن ایک بہت اہم اور عرق ریزی کا کام ہے۔ لیکن "دکنی کے ماہرین" دوسروں کی محنت کو خرید کر یا ہڑپ کر اور صرف مقدمے کی بنیاد پر اپنے سرمایہ تحقیق میں اضافے کرتے چلے جاتے ہیں۔ ایسے "ماہرین دکنیات" کی بجائے دکنی مزاج رکھنے والا محقق ہو تو کام کا معیار ور اس کی نوعیت دوسری ہوتی۔

دکنی کی ایک خصوصیت یہ بھی ہے کہ اس میں لفظوں کی آسان ترین ادائیگی کو ملحوظ رکھا جاتا ہے۔ اگر کوئی مشکل ہو تو دکن والے اس تلفظ بدل کر آسان کر لیتے ہیں گویا لفظ دکنیا لیا جاتا ہے۔ دکنی کے تلفظ میں پھسل کر ادا ہوتے ہیں۔ اور ایک نامحسوس طریقے سے ایک مصوتے سے دوسرے مصوتے تک ادائیگی منتقل ہوتی ہے۔ جیسے "بولا" کے لئے دکنی میں "بولیا" کہا جاتا ہے۔ لیکن اگر "بولیا" کہا جائے تو یہ دکنی کا قتل ہے۔ اکثر "ماہرین دکنی" کے ساتھ یہی مسئلہ ہے کہ وہ لفظ صحیح دکنی تلفظ کے ساتھ ادا نہیں کر سکتے۔ یہ مسئلہ صرف ان محققین کے ساتھ ہی نہیں جو غیر دکنی ہیں بلکہ ان کے ساتھ بھی ہے جو دکن میں رہتے ہیں مگر دکن کا مزاج نہیں رکھتے۔ اپنے آپ کو "مہذب" ظاہر کرنے کے لئے یہ لوگ اس مزاج سے ہم آہنگ نہیں ہو پاتے۔ نتیجہ یہ ہوتا ہے کہ ان میں شستگی ہوتی ہے اور نہ ہی دکن کا لہجہ پوری طرح دکھائی دیتا ہے۔ اور جب یہ لوگ دکنی الفاظ کا

غلط تلفظ ادا کرتے ہیں تو شمالی ہند کے عالم اور محققین جو حقیقت سے آگاہ نہیں ہوتے ایسے لوگوں کے علمی رعب سے متاثر ہو کر اسی تلفظ کو درست مانتے ہیں اور نہ صرف درست مانتے ہیں بلکہ اگر کوئی شخص ان کے سامنے دکنی لفظ کہے تو اس کی بزعم خود تصحیح بھی فرماتے ہیں۔

یہ کچھ باتیں بر سبیل تذکرہ اس لئے لکھ دی گئیں کہ دکنی کے بارے میں غلط فہمیوں کا ازالہ ہو سکے سچ بات تو یہ ہے کہ دکنی میں مراٹھی کی لچک، تلگو کی چھنک اور کنٹری کی لٹک موجود ہے۔ یہی وجہ ہے کہ دکنی ہندوستان کی تمام زبان اور بولیوں سے مختلف ہے۔ سلیمان خطیب کا خمیر دکنی ہے، ان کا مزاج دکنی ہے ان کا لہجہ اور ان کا اسلوب دکنی کی نزاکتوں سے سجا ہوا ہے۔

ڈاکٹر عابد علی خان مرحوم نے خطیب کے مجموعہ کلام "کیوڑے کا بن" کے پیش لفظ میں لکھا تھا کہ

"خطیب کی مقبولیت کی بڑی اور بنیادی وجہ دکھنی زبان کا استعمال اور اس میں عوامی مسائل کا اظہار ہے۔ وہ عوام کے مسائل کے ترجمان شاعر ہیں اور روزمرہ زبان میں عوام سے مخاطبت عوام پر گہرا اثر چھوڑتی ہے۔۔۔۔۔۔۔۔۔۔'

مندرجہ بالا اقتباس سے یہ بات واضح ہو جاتی ہے کہ سلیمان خطیب کا رشتہ راست عوام سے تھا۔ ان کی شاعری عوام کے لئے تھی۔ میر نے کہا تھا کہ۔۔۔

گو مرے شعر ہیں خواص پسند
پر مجھے گفتگو عوام سے ہے

لیکن سلیمان خطیب عوام ہی کے لئے ہیں۔ انھیں خواص سے کوئی مطلب نہیں۔ یہ اور بات ہے کہ خواص بھی اس عوامی شاعری کے رس سے اسی طرح لطف اندوز ہوتے

ہیں جس طرح عوام۔۔۔۔۔ سلیمان خطیب کی شاعری کا بنیادی وصف لوک گیتوں کا انداز ہے۔ دیہات کی عورتیں جس بولی میں گفتگو کرتی ہیں ، اور دیہات کے بھولے بھالے ، سیدھے سادے کسان جس بولی میں بات کرتے ہیں وہی بولی، وہی تلفظ اور وہی انداز سلیمان خطیب کا ہے۔ انھوں نے کھیت کی مینڈوں کا دیکھا ہے۔ انھیں الانگا ہے۔ کیچڑ میں لت پت پیر لئے گاؤں کی سخت اور کنکریلی زمین پر انہوں نے اپنی زندگی کا سفر جاری رکھا۔ یہاں تک کہ سلیمان خطیب ہر اردو والے کا عمومی طور پر اور دکن والوں کا خصوصی طور پر محبوب شاعر بن گیا۔ سلیمان خطیب کی ہر نظم معرکۃ الآرا ہے۔ ان کی ہر تخلیق میں یہ وصف ہے کہ اس پر گھنٹوں بحث کی جاسکتی ہے۔ ہر ملازم کے لئے پہلی تاریخ بڑی اہم ہوتی ہے۔ اس دن پچھلے مہینے کی ساری کمائی یکمشت ملتی ہے۔ اور اسی پر آنے والے مہینے کا دارومدار ہوتا ہے۔ ایک کم معاش ملازم کے لئے تو اور بھی مشکل ہوتی ہے کہ اس نے مہینہ بھر قرض لے لے کر دن گزارے تھے۔ اور ہر ایک سے پہلی کا وعدہ کیا تھا۔ ایک ایسے ہی ملازم کی خوشیاں دیکھئے جو اپنی بیوی سے مخاطب ہو کر کہتا ہے

تجھے معلوم ہے، کی اِتا خوشی سے آیوں
منجے آتے سوبی، نیں آتے سو گانے گایوں
آدی بریانی بی ہوٹل میں دبا کو کھایوں
دیکھ جیبق میں ترے واسطے کیا کیا لایوں
آج تنخواہ ہے مری، آج ہے چاندی سونا
بول گلے میں ترے واسطے کیا کیا ہونا

مگر بیوی کے ذہن میں سیٹھ کا خیال مسلط ہے۔ کہتی ہے
کی شرم نئیں سو کنئیں، بات کو تنخواہ آریئے

آنے کی دیر بی نئیں سیٹھ کے گھر یو جا ریئے

شوہر بار بار خوشی کا اظہار کرتا ہے۔ اور بیوی اس کو ہر بار سچائی کا آئینہ دکھاتی ہے شوہر کو غصہ آجاتا ہے۔

گھر کو آنچ لگی آکو مصیبت ماروں

دیچ رونے کی پلانے کی ہے عادت ماروں

تجے کتابی کر وسب ہے اکارت ماروں

اچھی لپٹی یہ مجے کاں کی نحوست ماروں

بیوی سہم کر کہتی ہے۔۔۔۔۔۔۔۔

تمے سونچو تو ذرا کیا میں کما کو لونگی

کیا بھکاریاں کے سری کا میں گھرے گھر جونگی

شوہر کا پارہ چڑھا ہوا ہے۔ بار بار اپنی مصیبتوں کا ذکر کرتا ہے اور بیوی جھگڑا کرتا ہے ادھر بیوی بھی اپنی پریشانیوں کا اظہار کرتی ہے۔ دونوں کا درد ایک ہے۔ دونوں جانتے ہیں کہ کم آمدنی سے کیا مسائل پیدا ہوتے ہیں۔ شوہر جب یہ جملے کہتا ہے تو کون ہے جس کے سینے پر نشتر نہیں چلتے۔۔۔۔۔۔

اری ناداں میں جو کچھ بی کما کو لاتوں

کتا مر کھپ کو میں جیو جان کھپا کو لاتوں

ایک عزت کی یہ روٹی کے لئے کیا بولوں

کتے جوتے میں کمینوں کے اٹھا کو لاتوں

اور یہی سلیمان خطیب کا کمال ہے کہ وہ ایسی چٹکی لیتے ہیں کہ اس سے ایک دائمی کسک پیدا ہو جاتی ہے۔ سلیمان خطیب کی شاعری پر ہر زاویہ سے اظہار خیال کرنے کے

لئے تو پورا دفتر چاہئے۔ صرف اتنا ضرور عرض کرنا ہے کہ سلیمان خطیب نے نہ صرف دکنی شاعری کو ایک نئی روح دی بلکہ مزاح کو طنز کی طرف موڑ کر وہی کام انجام دیا جو ایک عمدہ قسم کا سرجن یا جراح کرتا ہے۔ انہوں نے ماحول میں بکھرے ہوئے تمام زہر کو بوند بوند میں بند کیا لیکن اس زہر پر مزاح کی شکر لپیٹ دی۔ آہستہ آہستہ شکر گھل جاتی ہے اور زہر کی تلخی روح کے اندر ایک کرب پیدا کر دیتی ہے۔ سلیمان خطیب کے ہاں مزاح میں پھکڑپن نہیں۔ ایک نرم آہنگ ہے جو دلوں میں انبساط بھر دیتا ہے۔ اور پھر طنز کی تلخیاں اس انبساط کو درد میں بدل دیتی ہیں۔ سلیمان خطیب کی شاعری کا یہ وصف انہیں ہمیشہ زندہ رکھے گا۔ جب تک دکنی کی مخصوص لچک اور لٹک باقی رہے گی۔ سلیمان خطیب کی شاعری رنگ و نور بکھیرتی رہے گی۔۔۔۔

(۲) علی باقر

حیدرآباد میں ہر دور میں طرح طرح کے پھول کھلتے رہے اور دنیا بھر میں اپنی خوشبو بکھیرتے رہے۔ یہ اور بات ہے کہ حیدرآبادی مزاج میں پی آر شپ، اپنے آپ کو بڑھ چڑھ کر منوانے کی خصوصیت اور دوسروں کو گرانے کا رویہ نہ ہونے کے برابر ہے۔ یہی وجہ ہے کہ اپنے افسانوی انکسار کے سبب حیدرآباد کے ادیب، شاعر، فن کار اور عالم پردۂ گمنامی میں میں رہے۔ کسی نے نام لے لیا تو لے لیا، خود سے آگے بڑھ کر حیدرآبادی فن کاروں نے خود کو کبھی نہیں منوایا۔

علی باقر کی پیدائش حیدرآباد میں تو نہیں ہوئی لیکن چونکہ ڈیڑھ دو برس کی عمر میں انہیں گنڈی پیٹ کا پانی پلا دیا گیا تھا اس لیے حیدرآباد ان کے رگ وپے میں بس گیا۔ جو اصحاب حیدرآباد سے ناواقف ہیں ان کی اطلاع کے لیے عرض کر دوں کہ گنڈی پیٹ ایک وسیع وعریض تالاب کا مقامی نام ہے جس کا پانی سارے شہر کو پینے کے لیے سربراہ کیا جاتا تھا۔ سرکاری طور پر اگرچہ اسے عثمان ساگر کا نام دیا گیا ہے لیکن عوام اسے گنڈی پیٹ ہی کہتے ہیں جو دراصل اس دیہات کا نام تھا جہاں یہ تالاب بنایا گیا۔ اب تو اس تالاب کی ہڈیاں نکل آئی ہیں، اس کا حسن مدھم پڑ چکا ہے لیکن آج بھی لوگ جوق در جوق تفریح کے لیے وہاں جانا نہیں بھولتے۔ اور کہا جاتا ہے کہ جو ایک بار گنڈی پیٹ کا پانی پی لے وہ حیدرآباد کو کبھی بھلا نہیں پاتا۔ علی باقر نے تو زندگی کی دو دہائیاں اسی پانی کے بل پر گزاری تھیں۔

بہر حال علی باقر کی پیدائش تو ۱۹۳۷ء میں ایبٹ آباد میں ہوئی لیکن ان کے والد

نے ترک وطن کر کے حیدر آباد کو اپنا وطن ثانی بنالیا۔ یہ وہ دور ہے جب ترقی پسند تحریک نے اردو کے وسیلے سے ہندوستان میں پہلی بار اپنی آنکھیں کھولی تھیں اور کچھ ہی برس بعد حیدر آباد میں ترقی پسند مصنفین کی کانفرنس بھی منعقد ہوئی۔ ظاہر ہے کہ اس زمانے میں علی باقر بہت کم سن رہے ہوں گے۔ لیکن جب انہوں نے ابتدائی تعلیمی مراحل طئے کرنے کے بعد عثمانیہ یونیورسٹی میں داخلہ لیا تو ان کے تخلیقی جوہر کھلنے لگے۔ شعر و ادب سے دلچسپی تو پہلے ہی سے تھی، عثمانیہ یونیورسٹی کے ماحول نے سونے پر سہاگے کا کام کیا۔ انہوں نے اظہار کے لیے افسانے کا کینوس اپنایا اور بائیس برس کی عمر میں انھوں نے پہلا افسانہ لکھا۔ یہ افسانہ ۱۹۵۹ء میں ماہنامہ شمع میں شائع ہوا اور بھی کسی ترمیم یا تصیح کے بغیر۔ شمع اس زمانے میں سب سے مقبول اور سب سے زیادہ چھپنے والا پرچہ تھا اور اس کی مقبولیت کا سبب صرف یہ نہ تھا کہ وہ ایک فلمی رسالہ تھا بلکہ اس میں مشہور افسانہ نگاروں اور شعرا کی تخلیقات بھی شائع ہوتی تھیں اور ادب کے شائقین کے لیے اس میں کافی مسالہ ہوا کرتا تھا۔ یہ اور بات ہے کہ بعض خود پرست افسانہ نگاروں اور شاعروں نے شمع کو بظاہر کوئی اہمیت نہیں دی۔ کبھی کبھی یوں بھی ہوتا ہے کہ کوئی تخلیق کار اپنی ناپختہ تخلیق کسی رسالے کو بھیج دیتا ہے اور اگر ایڈیٹر نے اپنا 'ایڈیٹرانہ حق' استعمال کرتے ہوئے کہانی یا نظم یا غزل نہیں چھاپی تو تخلیق کار کو اس رسالے سے ایک کد سی ہو جاتی ہے۔ تخلیق کار کی نرگسیت اور خود پسندی اس کے اندر ہی اندر ایک آگ سی بھڑکا دیتی ہے جو زندگی بھر اس کے وجود کو جلاتی رہتی ہے اور وہ اس رسالے میں شامل ہونے والے فن کاروں کو تیسرے درجے کے فن کار قرار دے دیتا ہے۔ اگر کچھ افسانہ نگاروں نے علی باقر کو محض اس وجہ سے قابل اعتنا نہ سمجھا کہ وہ شمع میں چھپتے رہے ہیں تو یہ ان کی اپنی کج روی ہے یا پھر خود پسندی کی آگ ان کو جھلسائے دیتی ہے۔ دوسرے ادبی رسالوں میں

شائع ہونا اتنا اہم نہیں ہے جتنا کہ ہندوستان کے سب سے دیدہ زیب اور سب سے زیادہ چھپنے والے رسالے میں شائع ہونا۔ خیال رہے کہ شمع کے لاکھوں قارئین میں ہر طرح کے لوگ تھے۔ فلموں سے دلچسپی رکھنے والے نوجوانوں کے علاوہ ادیب، شاعر اور افسانہ نگار شمع کا مطالعہ بڑے شوق سے کرتے تھے۔ اس اعتبار سے اگر میں یہ کہوں تو غلط نہ ہوگا کہ علی باقر نے اپنی پہلی ہی تخلیق کے ذریعے شمع کے لاکھوں قارئین کے علاوہ افسانے کے قاری کو بھی اپنی گرفت میں لے لیا۔

۱۹۵۹ سے ۱۹۷۸ کا عرصہ کافی طویل ہوتا ہے۔ ان انیس برسوں میں علی باقر نے متعدد کہانیاں لکھیں اور پھر ان کے افسانوں کا پہلا مجموعہ 'خوشی کے موسم' ۱۹۷۸ء میں شائع ہوا اور اس مجموعے کے مشمولات کے بارے میں یہ قیاس کیا جاسکتا ہے کہ 'خوشی کے موسم' میں علی باقر نے اپنے منتخب افسانے شامل کیے ہوں گے۔ ان کا دوسرا مجموعہ 'جھوٹے وعدے سچے وعدے' ۱۹۸۴ میں منظر عام پر آیا۔ پھر ۱۹۸۷ میں ان کے افسانوں کا تیسرا مجموعہ 'بے نام رشتے' شائع ہوا۔ ۱۹۹۳ میں 'مٹھی بھر دل' اور بعد ازاں میں پانچواں مجموعہ 'لندن کے دن رات' زیورِ طبع سے آراستہ ہوا جو ان کے پچھلے چار مجموعوں کے منتخب افسانوں کا احاطہ کرتا ہے۔

عثمانیہ یونیورسٹی سے گریجویشن کی تکمیل کے بعد علی باقر ۱۹۶۰ میں جینیوا گئے پھر وہاں سے لندن چلے گئے اور وہیں سے سوشیالوجی میں ایم اے کیا لیکن صرف پڑھنے پڑھانے کی حد تک نہیں بلکہ وہ پریکٹیکل سوشل سائنٹسٹ تھے۔ ذہنی اور جسمانی معذورین کے لیے انھوں نے جو کام کیا وہ بھلایا نہیں جاسکتا۔ اور چوں کہ وہ ایک تخلیقی فن کار تھے اس لیے اظہار کے لیے افسانے کے ساتھ ساتھ فلم کا میڈیم بھی اختیار کیا اور اس میڈیم کے ذریعے انھوں نے ذہنی اور جسمانی معذوروں کے لیے گراں قدر کارنامے

انجام دیئے۔

علی باقر یورپ میں رہے تو وہاں کی رنگینیوں کو دیکھنے، برتنے اور محظوظ ہونے کے ساتھ ساتھ انھوں نے وہاں کا ماحول، مسائل، پیچیدگیاں، نفسیاتی گتھیاں بہت قریب سے دیکھیں، ان پر غور کیا، اور پھر انھیں اپنے افسانوں میں سمیٹ کر قاری کو نئے جہانوں سے آشکار کیا۔ تارکینِ وطن کے مسائل بالکل مختلف ہوتے ہیں، خصوصاً وہ تارکین جن کا تعلق خود اپنے وطن میں اقلیت سے ہو۔ سب سے پہلے تو وطن سے دور رہنے کا غم، عزیز اقربا دوست احباب سے جدائی کا ملال، تنہائی کا احساس، جہاں وہ مقیم ہیں وہاں کے رہنے والوں کا متعصبانہ رویہ، غیر یقینی حالات ۔۔۔۔۔۔ یہ کچھ ایسے بچھو ہیں جو ذہن کے اندر بیٹھ کر ہر وقت ڈنک مارتے رہتے ہیں، اپنا زہر منتقل کرتے رہتے ہیں اور سوزش میں مبتلا کرتے رہتے ہیں۔ اور پھر ان سب پر مستزاد، مصروف ترین زندگی، طول طویل فاصلے جن میں تارک وطن پستا رہتا ہے۔ علی باقر نے ان سارے احساسات کو کامیابی سے اپنے افسانوں میں منتقل کیا۔ تارکینِ وطن کے علاوہ علی باقر نے یورپ کے سلگتے مسائل کو بھی اپنا موضوع بنایا، ان پر بھی کہانی لکھی جو کبھی ہندوستان میں حکمران تھے اور جنھوں نے اپنی عزت بچانے کے لیے مقامی لوگوں کی عزت سے کھلواڑ کیا، حالاں کہ قصور ان کا اپنا تھا۔ علی باقر کی کہانیوں کے کردار دودھ کے دھلے ہوئے نہیں، وہ انسان اور صرف انسان ہیں، ان میں کمزوریاں بھی ہیں اور اچھائیاں بھی، ان میں کمینگی بھی ہے اور شرافت بھی، وہ سنجیدہ مزاج کے حامل بھی ہیں اور کھلنڈرے بھی ۔۔۔ کیوں کہ یہی دنیا کی روش ہے، دنیا میں ہر جگہ ہر طرح کے لوگ موجود ہوتے ہیں۔ جس رویئے کو علی باقر نے شدت سے محسوس کیا اسے کردار کا روپ دے کر اپنی کہانی کا حصہ بنا دیا۔ علی باقر کے کردار سماج کی مختلف سطحوں سے جنم لیتے ہیں جن سے فن کار کے گہرے مشاہدے کا اندازہ کیا جا سکتا

ہے۔

علی باقر نے چودہ برس کا بن باس جھیلا۔ لیکن یہ چودہ برس وہ صرف روپیہ کمانے کی مشین بنے نہ رہے۔ لندن کی مصروف ترین زندگی کے باوجود علی باقر کے اندر بیٹھا ہوا فن کار خاموش نہ رہ سکا۔ آتش فشاں کے اندر کلبلاتا لاوا وقتاً فوقتاً افسانے کی شکل میں بکھرتا رہا یہاں تک کہ ہندوستان واپس آتے آتے علی باقر کے دو مجموعے منظرِ عام پر آ گئے۔ اظہار کے دوسرے وسائل بھی علی باقر نے کامیابی سے استعمال کیے۔ ان کے اندر کا فن کار کبھی آرٹسٹ کی شکل میں سامنے آیا تو کبھی اداکاری کے واسطے سے پردۂ سیمیں پر پیش ہوا۔ اچھے فن کار کی ایک خصوصیت یہ بھی ہے کہ اسے ہمیشہ عدم تکمیل کا احساس رہتا ہے۔ علی باقر بھی اس کیفیت سے دوچار رہے ہیں لیکن اس کے باوجود وہ خود شناس تھے اور اپنی رنگا رنگی سے خوش تھے۔ اپنی بھانجی ڈاکٹر قرۃ العین حسن کے نام خط میں وہ لکھتے ہیں

" بعض لوگ یہ ضرور سوچیں گے کہ علی باقر نے اپنی پست قامتی کو زندگی بھر ڈھانکنا چاہا اور ناکام رہا، تصویریں بنائیں مگر ایم ایف حسین نہ بن سکا، کہانیاں لکھیں مگر کرشن چندر نہ بن سکا، سیاحت کی مگر کولمبس نہ بن سکا، سوشل سائنس پڑھی مگر این سرینواسن نہ بن سکا اداکاری کی مگر دلیپ کمار تو کیا جتیندر بھی نہ بن سکا، بین الاقوامی اداروں میں کام کیا مگر عابد حسین نہ بن سکا مگر عینی بیٹی میں تم سے اتنا ضرور کہوں گا کہ میں اس رنگا رنگی میں بہت خوش رہا۔۔۔۔"

(مٹھی بھر دل ص ۳۷)

یاد رہے کہ یہ سطور دل کے پیچیدہ آپریشن سے صرف ایک دن پہلے لکھی گئی ہیں۔ کل نہ جانے کیا ہو۔۔۔ تو پھر آج کیوں نہ دل کی ہر بات کاغذ پر بکھیر دی جائے۔ مزاج

کی یہ رنگارنگی صرف اس لیے ہے کہ علی باقر کو زندگی بھرپور انداز میں جینے کا ہنر معلوم تھا۔ کامیابی نے ہمیشہ علی باقر کے قدم چومے اور اہم بات یہ ہے کہ علی باقر نے کامیابی کے حصول کے لیے کبھی ضمیر کا گلا نہیں گھونٹا۔ وہ سب کو چاہتے رہے اور اپنی چاہت کے بل پر سب کو مجبور کرتے رہے کہ وہ بھی انھیں ٹوٹ کر چاہیں۔ مایوسی کبھی ان کے قریب نہ آ سکی۔ شدید بیمار ہونے کے باوجود وہ مایوس نہیں رہے۔ علی باقر تخلیقی فن کار تھے۔ اظہار پر انھیں قدرت حاصل تھی اس لیے انھوں نے ایسی حالت میں بھی قلم کا ساتھ نہ چھوڑا اور اپنے وقت کو صحیح اور مناسب طریقے سے استعمال کیا۔ جس خط کا اوپر اقتباس پیش کیا گیا اس کا پہلا حصہ ۲۰ مارچ ۱۹۹۲ء کو لکھا گیا ہے اور اگلے حصے ۲۱، ۲۲، ۲۳، ۲۴ اور ۲۵ کو لکھے گئے۔ یہ وہ زمانہ ہے جب علی باقر کو تین ہارٹ اٹیک ہو چکے تھے اور وہ آل انڈیا انسٹیٹیوٹ آف مڈیکل سائنس میں کارڈیالوجی ڈپارٹمنٹ کے آئی سی یو میں بستر پر دراز تھے۔ وہ لکھتے ہیں

"میں نے اس دوران نسیمہ کو ایک خط، ایک کہانی، ایک مضمون اور ایک نظم لکھ ڈالے پھر بھی لگتا ہے کہ تجربے کی شدت، جذبات کی ندرت، زندگی بچانے والے کی قدرت، ڈاکٹروں کی حکمت، ٹیکنالوجی کی جدت کے بارے میں کچھ نہ لکھ سکا۔ موت اور زندگی، امید اور ناامیدی، اندھیرے اور اجالے کی آنکھ مچولی ذہن کو ایک نئے انداز سے جگاتی اور نظر کو ایک نئی گہرائی عطا کرتی ہے۔"

(مٹھی بھر دل)

لیکن علی باقر کے اندر اس بات کا احساس ضرور رہا کہ اردو کے جغادری نقادوں نے علی باقر کو وہ مقام نہیں دیا جس کے وہ مستحق تھے۔ اپنے تیسرے مجموعے 'بے نام رشتے' کے دیباچے میں علی باقر ناقدینِ کرام کے رویئے کے بارے میں لکھتے ہیں

"اردو ادب کے موجودہ حالات نہایت تکلیف دہ ہیں۔ لکھنے والوں اور پڑھنے والوں کے درمیان ناقدوں کی ایک بڑی فوج آ کر کھڑی ہو گئی ہے اور ان کی وجہ سے ہر طرف انتشار کا موسم ہے، لڑائی جھگڑے کا موسم ہے گروپ بندی کا موسم ہے۔ ناقد اصرار کرنے لگے ہیں کہ انھیں اور صرف انھیں ادب کی پہچان ہے، ادیب اور شاعر کی پہچان ہے اور چونکہ اکثر ناقد حضرات بار سوخ ہیں، وہ جس کو چاہتے ہیں عزت دیتے ہیں اور جس کو چاہتے ہیں ذلیل کرتے ہیں۔ یہ لوگ خود ادب تخلیق نہیں کرتے لیکن ادب کی دنیا میں اپنی آواز بلند رکھتے ہیں تاکہ اس آواز کو وہ خود اور ان کے حواری سن سکیں۔"

علی باقر نے یہ سطور ۱۹۸۷ء میں لکھی تھیں لیکن اگر غور کریں تو یہ صورتِ حال ہر زمانے میں یونہی رہی ہے۔

(۳) منجو قمر بحیثیت شاعر

منجو قمر کا پورا نام سید نجی اللہ ید اللہی تھا۔ آغا حشر کی طرح آپ کا نام اردو ڈرامے کے ساتھ جڑا ہوا ہے۔ لیکن ان کی علمی زندگی کا آغاز شاعری سے ہوا۔ میرے خیال میں شاعری اور موسیقی کا چولی دامن کا ساتھ ہے اور چوں کہ منجو قمر کو موسیقی سے بے پناہ لگاؤ تھا اسی لیے شاعری بھی ان کی روح میں بسی ہوئی تھی۔ چودہ برس کی عمر ہی سے ان کے اندر چھپے ہوئے شاعر نے اپنی جولانیاں دکھانی شروع کیں۔ اور آہستہ آہستہ مقامی مشاعروں میں انہیں مدعو کیا جانے لگا۔ شاعر کی حیثیت سے انہیں دنیا کے سامنے روشناس کرانے کا سہرا قائد ملت نواب بہادر یار جنگ کے سر جاتا ہے۔ ان کا ایک شعری مجموعہ 'تجلیاتِ قمر' شائع ہو چکا ہے۔ دوسرا مجموعہ 'رنگ ورباب' کے عنوان سے وہ اپنی زندگی ہی میں ترتیب دے چکے تھے لیکن حیاتِ ناپائدار نے ساتھ نہ دیا۔ ان کے صاحب زادے ممتاز مہدی نے اس مجموعے کو شائع کرنے کا بیڑا اٹھایا جس کے نتیجے میں یہ مجموعہ منظرِ عام پر آسکا ہے۔

ممتاز مہدی نے منجو قمر پر میری ہی نگرانی میں تحقیقی کام کیا جس پر یونیورسٹی آف حیدر آباد نے انھیں سے بے پناہ لگاؤ تھا۔ ان کے مقالے کا عنوان 'اردو ڈرامے کے فروغ میں منجو قمر کا حصہ' ہے جس پر یونیورسٹی آف حیدر آباد نے انھیں پی ایچ ڈی کی ڈگری عطا کی۔ موضوع چوں کہ ڈرامے سے متعلق تھا اس لیے ممتاز مہدی نے اپنے کام کو اسی دائرے میں محدود رکھا اور ادبی کارناموں کا ذکر کرتے ہوئے منجو قمر کی شعری صلاحیتوں

پر مختصراً ذکر کر دیا۔ اور اب اس کمی کو انھوں نے اس مجموعے کی اشاعت کے ذریعے پورا کیا ہے جس کے لیے وہ مبارک باد کے مستحق ہیں۔

منجو قمر بنیادی طور پر اردو شاعری کی ان پائدار روایات سے جڑے ہوئے ہیں جن کا سکہ آج تک چل رہا ہے۔ یہ روایات کوئی کھوٹا سکہ نہیں اور نہ ہی اصحاب کہف کے سکوں کی طرح ہیں۔ روایت نے اردو شاعری کے ہر دور میں اپنا اثر قائم رکھا ہے۔ منجو قمر اسی جاری وساری روایت کے پاسدار ہیں۔

سردار جعفری ترقی پسندی کے اہم ستون تھے۔ غزل کو انھوں نے بظاہر زیادہ اہمیت نہیں دی لیکن ان کی نظموں میں غزل کا آہنگ نمایاں ہے۔ کچھ ایسی ہی کیفیت منجو قمر کے ہاں بھی نظر آتی ہے۔ انھوں نے اپنی تخلیقات پر عنوان قائم کیے جس کی وجہ سے شائد ان کو نظموں میں شمار کیا جائے۔ لیکن اگر عنوان ہٹا دیا جائے تو پھر چند ایک کو چھوڑ کر انھیں غزل ہی کہا جائے گا کیوں کہ ہر شعر اپنی جگہ مکمل ہے جو غزل کی ایک اہم خصوصیت ہے۔

کچھ شعر دیکھیے:

اہلِ گلشن سے نہ کہنا کہیں رودادِ قفس
روز کا بادِ صبا ہے ترا آنا جانا

جو بھی گزری گزر گئی دل پر
فائدہ کیا ہے اس کہانی سے

معیشت کا یہاں خدشہ وہاں پرسش کا اندیشہ
تفکر سے بری شائد نہ واں ہوں گے نہ یاں ہوں گے

نہ راستے کی خبر ہے مجھے نہ منزل کی

رواں دواں ہے بہر طور کارواں میرا

آج زاہد کو بھی تڑپا جائے گی ماضی کی یاد

باتوں باتوں میں نکل آئی ہے مئے خانے کی بات

چشم پرنم کی شعلہ سامانی

گویا جلتی ہے آگ پانی سے

منجو قمر نے اساتذہ کی زمینوں میں بھی شعر کہے ہیں۔ غالب کی غزل ہے

کسی کو دے کے دل کوئی نوا سنجِ فغاں کیوں ہو

منجو قمر کہتے ہیں

قمر دن رات کے شکوے گلے کیا خوب کیا کہنے

ستم گر ہو لقب جس کا بھلا وہ مہرباں کیوں ہو (نظیرِ شعلہ فشاں)

جلیل مانک پوری کی ایک مشہور غزل ہے

بات ساقی کی نہ ٹالی جائے گی

کر کے توبہ توڑ ڈالی جائے گی

منجو قمر یوں گل افشانی کرتے ہیں

جب نقابِ رخ ہٹالی جائے گی

عشق کی بنیاد ڈالی جائے گی

اقبال کی ایک غزل کا مطلع ہے:

گیسوئے تابدار کو اور بھی تابدار کر

ہوش و خرد شکار کر قلب و نظر شکار کر

اس زمین میں منجو قمر نے بھی طبع آزمائی کی۔ یہ دراصل اقبال سے ان کی گہری عقیدت کا نتیجہ ہے۔ بہادر یار جنگ بھی تو اقبال کے مداح تھے تو پھر منجو قمر اقبال کے چاہنے والوں میں کیوں کر نہ ہوتے۔ اقبال کا فلسفۂ مردِ مومن منجو قمر کے درج ذیل شعر میں دیکھا جا سکتا ہے۔

ہے یہی رازِ زندگی ہے یہی رازِ بندگی
موت سے تو نہ ڈر کبھی موت کا انتظار کر

اور واقعہ یہ ہے کہ ایک سچا مومن موت سے کبھی خوف زدہ نہیں ہوتا۔ وہ جانتا ہے کہ موت برحق ہے اور کسی وقت بھی آسکتی ہے۔

اس مجموعے کے آخر میں ایک اور باب شامل کیا گیا ہے جو منجو قمر کی فنِ موسیقی سے گہری وابستگی کا مظہر ہے۔ ممتاز مہدی نے جامع انداز میں منجو قمر کی موسیقی سے آگہی کا ذکر کیا ہے۔ اس کے علاوہ ممتاز مہدی نے منجو قمر کی کچھ ایسی تخلیقات بھی شامل کر دی ہیں جو انھوں نے مختلف ڈراموں کے لیے تحریر کی تھیں۔ اہم بات یہ ہے کہ بیشتر تخلیقات کے ساتھ راگ اور طبلے پر سنگت کی وضاحت کر دی گئی ہے۔

ممتاز مہدی نے اس مجموعے کو مرتب اور شائع کر کے ایک کارنامہ انجام دیا ہے۔ اولاد کا فریضہ ہے کہ وہ اپنے بزرگوں کے پردۂ خفا میں پڑے علمی کارناموں کو محفوظ کرے۔ اس کے لیے میں ممتاز مہدی کو مبارک باد پیش کرتا ہوں۔ میری دعا ہے کہ ان کی یہ کاوش مقبولِ عام ہو۔

(۴) نابغۂ روزگار علامہ اعجاز فرخ

علامہ اعجاز فرخ کی شخصیت ہمہ جہات کی حامل ہے۔ شعر و ادب ان کا اوڑھنا بچھونا، ذاکری ان کا محبوب مشغلہ، ہوائی جہاز کو آسمانوں میں اڑانا ان کا سابق ذریعۂ معاش، تنظیمی امور میں بے پناہ مہارت ان کی خصوصیت، ایکسپورٹ ان کا ضمنی شغل، مختلف زبانوں اور بیشمار علوم و فنون پر ان کی دسترس ۔۔۔۔ کن کن باتوں کا ذکر کیا جائے ۔۔۔ یہ اور ایسے بے شمار گوشے ہیں جن میں اتمام حجت کا وسیلہ تلاش کرنا ہو تو علامہ اعجاز فرخ کی رائے سب سے زیادہ مدلل اور دل کو چھو لینے والی ہو گی۔

کئی سال گزرے ۔۔۔ شائد ۱۹۶۲ یا ۱۹۶۳ کی بات ہے جب میں نے اعجاز فرخ کو پہلی بار دیکھا۔ منڈی میر عالم کے قریب کسی حویلی کی دوسری منزل پر ایک مشاعرہ تھا جس میں میں نے بھی شرکت کی تھی۔ اس مشاعرے میں اگر کسی شاعر نے بے حساب داد بٹوری تو وہ اعجاز فرخ تھے۔ لہجہ استاد شعراء کا ہم پلہ، اسلوب نیا اور عصری حسیت سے معمور ۔۔۔ اب یہ تو یاد نہیں کہ انہوں نے کون سی غزل سنائی تھی لیکن غزل کی چاشنی اور انداز غزل گوئی نے مجھے ایسا مسحور کیا تھا کہ آج تک ان کا اسیر ہوں۔ بارہا میں نے ان سے ان کی شاعری کے بارے میں دریافت کیا مگر وہ نہ جانے کیوں ٹال گئے۔ اگر کوئی علامہ کے کاغذات میں سے ان کا کلام ڈھونڈ نکالے تو میں دعوے کے ساتھ کہہ سکتا ہوں کہ وہ اردو شاعری میں ایک بیش بہا اضافہ ثابت ہو گا۔

ان کے حافظے پر کسی کو بھی رشک آ سکتا ہے۔ استاذی پروفیسر سید مجاور حسین

رضوی خود بھی بے پناہ حافظے کے مالک ہیں لیکن وہ بھی علامہ اعجاز فرخ کا لوہا مانتے ہیں۔ ایک واقعہ یاد آیا۔ کچھ برس قبل علامہ سے میری ملاقات اردو مجلس کے ایک جلسے میں ہوئی جو آغا حیدر حسن مرحوم کی یاد میں منعقد ہوا تھا۔ اس جلسے میں مختلف اکابرین نے مضامین پیش کیے اور تقریریں کیں۔ آخر میں جب میں نے حاضرین کو اظہار خیال کی دعوت دی تو علامہ اعجاز فرخ نے اشارہ کیا۔ میں تو خود ہی یہ چاہتا تھا۔ فوراً انھیں مائیک پر بلا لیا۔ انھوں نے تقریباً آدھا گھنٹہ تقریر کی اور تقریر کے دوران آغا حیدر حسن کے کئی اقتباسات زبانی سنا ڈالے۔ ساری محفل ان کی تقریر کے جادو میں کھو گئی اور داد و تحسین کی صداؤں سے ہال گونج اٹھا۔ سچ پوچھیے تو علامہ کی تقریر اس محفل کا حاصل رہی۔

علامہ اعجاز فرخ کی تحریر اور تقریر تو مسحور کن ہے ہی لیکن ان کے ساتھ گفتگو کا لطف کچھ اور ہی ہے۔ جب ان سے گفتگو کا موقع ملتا ہے تو ذہن میں فکر کے نئے دروازے وا ہونے لگتے ہیں، ایک نئی فضا میں سانس لینے کا لطف محسوس ہوتا ہے اور اک جہانِ نو کی خوشبو وجود کو منور و معطر کر دیتی ہے۔ ندرتِ خیال ان کا ایک اہم وصف ہے اور اس پر ندرت زبان و بیان سونے پر سہاگہ کا کام کرتے ہیں۔ ان چیزوں کا امتزاج دیکھنا ہو تو علامہ اعجاز فرخ سے مل لیجیے۔

میں سمجھتا ہوں کہ دس کتابوں کو پڑھ کر جو علم حاصل ہوتا ہے وہ کسی عالم سے کچھ دیر گفتگو کے نتیجے میں حاصل ہونے والے علم سے بدرجہا کم ہوتا ہے۔ مجھے یہ شرف حاصل ہے کہ کبھی کبھی وہ مجھے ملاقات کا موقع عطا کرتے ہیں۔ اور جب کبھی ملاقات ہوتی ہے یا فون پر گفتگو ہوتی ہے تو سرور سا چھا جاتا ہے۔ ذہن و دل انبساط میں ڈوب جاتے ہیں۔

میں نے علامہ اعجاز فرخ کا کوئی مضمون سیاست کے علاوہ کسی اور رسالے یا اخبار میں

نہیں دیکھا۔ ان کی تحریریں صرف اور صرف سیاست کے صفحات کی زینت بنتی رہی ہیں اور اس طرح وہ سیاست خاندان کے ایک اہم رکن کی حیثیت رکھتے ہیں۔ غالباً ۷۰، ۷۱ سے وہ سیاست کے لیے لکھ رہے ہیں۔ اگر ان مضامین کو جمع کر کے شائع کیا جاتا تو کئی کتابوں کے مصنف ہو گئے ہوتے۔ لیکن ان کی قلندرانہ طبیعت اور بے نیازی نے یہ سب کچھ نہیں کیا۔ دراصل علامہ خود ایک کتاب ہیں اور شائد کوئی کتاب اپنی ذات میں اضافے کی متحمل نہیں ہو سکتی۔ بہرحال ان کے چاہنے والے بہت ہیں اور سب کی یہ خواہش ہے کہ ان کے مضامین کتابی شکل میں دستیاب ہوں۔ دیکھتے ہیں وہ اپنے چاہنے والوں کے اصرار کو کب تک ٹالیں گے۔

پچھلے دو تین مہینوں سے اخبار سیاست میں علامہ اعجاز فرخ نے مضامین کا ایک اہم سلسلہ شروع کیا ہے۔ ان مضامین میں حیدرآباد کی تہذیبی اور ثقافتی تاریخ کو بڑی خوبصورتی سے سمیٹا گیا ہے۔ قطب شاہی فرماں رواؤں سے شروع ہونے والے ان مضامین کا تسلسل ابھی نظام ششم میر محبوب علی خان تک پہنچ پایا ہے اور میرے اندازے کے مطابق علامہ اعجاز فرخ کی زنبیل میں اس قدر مواد ہے کہ مزید دس بارہ قسطیں تو ہو ہی سکتی ہیں۔ ان مضامین کو پڑھیے تو محسوس ہوتا ہے کہ یہ سطحی جائزہ نہیں، صرف لفظوں کی بازی گری نہیں بلکہ علامہ اعجاز فرخ نے ناقابل تردید حقائق پیش کیے ہیں اور پھر زبان کی چاشنی نے تحریر کو ایسا حسن عطا کیا ہے کہ بائد و شائد۔ پچھلے تین چار ہفتوں سے یہ مضامین شائع نہیں ہو پائے۔ جس کی وجہ سے شائقین میں قدرے مایوسی ہے۔ دراصل علامہ کو ماریشس کا سفر کرنا پڑا اور پھر کچھ اور مصروفیات بھی رہی ہوں گی۔ اب شائد اگلی قسطیں ایام عزا کے بعد ہی لکھی جائیں گی۔

اس سلسلے کا پہلا مضمون " مر شہر لوگاں سوں معمور کر" ہے جو ۱۹ ستمبر ۲۰۰۷ کو

شائع ہوا۔ جس میں شہر حیدرآباد کے بانی محمد قلی قطب شاہ کا ذکر مرکزی حیثیت کا حامل ہے۔ قطب شاہی سلطنت کے پہلے حکمران سلطان قطب شاہ سے لے کر ابراہیم قطب شاہ تک کے عہد کا مختصر احاطہ بھی ہے لیکن اتنا جامع ہے کہ تشنگی کا احساس نہیں ہوتا۔ ابراہیم قطب شاہ کے بارے میں وہ رقم طراز ہیں کہ "حقیقت میں دیکھا جائے تو حیدرآباد کی موجودہ تہذیب اور ثقافت کا نقطۂ آغاز ابراہیم قطب شاہ کا دور ہے۔ اس دور میں ہندو مسلم اتحاد کو فروغ حاصل ہوا اور گولکنڈہ ترکستان اور عرب تاجرین کے لیے ایک بین الاقوامی منڈی (کی شکل) اختیار کر گیا۔ اگرچہ شہر حیدرآباد کی بنیاد قلی قطب شاہ نے رکھی لیکن اس کا منصوبہ دراصل ابراہیم قطب شاہ کا ہے چنانچہ حسین ساگر کی تعمیر اسی منصوبے کا ایک حصہ ہے۔"

حیدرآباد کا دامن ہمیشہ ہی سے سب کے لیے سہارا بنا رہا۔ قطب شاہی دور ہو، نظام ششم اور نظام ہفتم کا زمانہ ہو کہ آج کا حیدرآباد۔۔۔ یہ شہر دنیا بھر کے لوگوں کی آماجگاہ بلکہ پناہ گاہ رہا ہے۔ سب نے یہاں سے بے پناہ فائدے حاصل کیے۔ اس شہر نے بلا تفریق مذہب و ملت ہر ایک کو نوازا اور اتنا نوازا جس کا وہ تصور بھی نہیں کر سکتے تھے۔ علامہ لکھتے ہیں "ہندوستان تو کیا دنیا بھر میں جہاں کسی پر وطن کی زمین تنگ ہوئی، اس نے بوریا سمیٹ کر حیدرآباد کا رخ کیا۔ آئے تو خالی ہاتھ تھے، وطن میں تو زندگی بھر پاؤں چادر سے باہر تھے، لیکن دکن کی سوندھی مٹی نے یوں اسیر کیا کہ یوں جاتے ہوئے سکندر نے کفن سے ہاتھ باہر رکھ دیئے تھے، لیکن جب یہ دنیا سے گئے تو اولادوں کے لیے نام و نشان، خطاب، منصب، تام جھام، نوکر چاکر، ڈیوڑھی، حویلی، زمین، جاگیریں، سب اولادوں کے لیے چھوڑ گیے"

حیدرآباد کی تہذیب و ثقافت پر علامہ کا دوسرا مضمون "چارمینار نے کیا کیا نہیں منظر

دیکھے "۶ ستمبر کو شائع ہوا۔ جس میں نھوں نے چکسہ، مہندی، سہاگ مصالحہ، لاک اور نگینے جڑے چوڑیوں کے جوڑے، عطر وغیرہ کے ساتھ حیدرآباد کی قدیم عمارتوں محلات عاشور خانوں اور عالمی شہرت کے حامل چار مینار کی تفصیلات بیان کر دی ہیں۔ اس مضمون میں ان کے دل کا درد بھی نمایاں نظر آتا ہے۔ چند ہی دن قبل مکہ مسجد کے صحن میں جو بم دھماکہ ہوا اور اس کے بعد پولس نے قانون کے نام پر جس وحشیانہ اور ظالمانہ انداز سے خون ریزی کی اس کے بارے میں علامہ اپنی مرحوم اہلیہ کو یاد کرتے ہوئے لکھتے ہیں "اچھا ہوا نہ رہی، مر گئی۔ نہ مرتی تو یہ سن کر مر جاتی کہ مسجد میں دعا کے لیے اٹھے ہوئے ہاتھ اٹھے ہی رہ گئے اور مصلے سے سیدھے خدا کے حضور پہنچ گئے۔ جو باہر نکلے تو پولیس کی گولیوں نے بھون کر رکھ دیا"۔ خون دل سے لکھے گئے اس مضمون کی آخری سطریں یوں ہیں "جس چار مینار کی آنکھوں نے ایک پوری تاریخ، تہذیب، تمدن، یکجہتی اور ہمیشہ شہر کو شاد دیکھا ہے، اس نے سڑکوں پر مکہ مسجد کے نمازیوں کو خون میں غلطاں بھی دیکھا۔ احساس کی نظروں میں چار مینار کی بوڑھی آنکھوں سے جوئے خوں جاری ہے۔ شب کے سناٹے میں گولکنڈے کے پتھر سے درد بھری آواز آتی ہے۔ ایک سسکی سی ابھرتی ہے مرا شہر لوگاں سے معمور کر مرا شہر لوگاں سے معمور کر۔ شائد اس شہر میں اب درندے در آئے ہیں"

تیسرا مضمون "ہمارے تاج عجائب گھروں میں رکھے ہیں" اس بات کا مدلل ثبوت ہے کہ قطب شاہی سلطنت ہیروں کی کان کنی میں نمایاں حیثیت رکھتی تھی اور دنیا کے بیشتر مشہور ہیرے دکن کی سرزمین کی دین ہیں۔

"کیہ زمانے گئے کیا لوگ زمانے سے گئے" کے زیرِ عنوان مضمون سے پتہ چلتا ہے کہ قطب شاہی حکمران کس قدر روادار تھے۔ ایک ایسا علاقہ جہاں کی عوامی زبان تلگو ہو

وہاں فارسی اور ترکی بولنے والے ترکی النسل حکمرانوں کو یوں ہی سر آنکھوں پر نہیں بٹایا گیا۔ یہ حکمران رعایا کی آنکھوں کے تارے یوں ہی نہیں بن گئے۔ تلگو کے عالموں اور فاضلوں کا اس سلطنت میں ایک اہم مقام تھا۔ تلگو کے متعدد شعراء کو بادشاہوں کی سرپرستی حاصل تھی اور انھیں جاگیریں عطا کی گئی تھیں۔ دفتری کام کاج میں تلگو کا بڑا دخل تھا۔ یہاں تک کہ فرامین بھی تلگو میں جاری کیے جاتے تھے۔ اس مضمون میں بھی علامہ نے اپنے پچھلے مضامین کی طرح ماضی اور حال کا تقابل اس طرح کیا ہے کہ پتھر کے بھی آنسو نکل آئیں۔

اگلے مضمون "اس پہ انسان کو ہے خواہشِ دنیا کیا کیا" میں قطب شاہی سلطنت کے آخری دور اور اورنگ زیب کے تسلط اور پھر اس کے انتقال کے علاوہ اس ساری دولت کا بھی ذکر ہے جو اورنگ زیب نے دکن سے سمیٹی تھی۔

یہاں ایک بات کی طرف توجہ دلانا چاہتا ہوں۔ ابوالحسن تاناشاہ ایک درویش صفت بادشاہ تھا۔ شاہی خاندان سے تعلق رکھنے کے باوجود وہ شاہ راجو قتال کا عقیدت مند تھا اور ان ہی کی خانقاہ سے وابستہ تھا۔ لاولد عبداللہ قطب شاہ کو بستر مرگ پر اپنے جانشین کی تلاش ہوئی تو قسمت نے ابوالحسن کے سر پر تاج شاہی رکھ دیا۔ دکنی میں تانا کا مطلب ہے لاڈلا۔ لیکن وقت کی ستم ظریفی دیکھیے۔ اس درویش صفت، نازک مزاج اور سیدھے سادے بادشاہ کا نام ہندی بولنے والے ظلم کی علامت کے طور پر دھڑلے سے استعمال کرتے ہیں۔ تاناشاہی نہیں چلے گی، تاناشاہی بند کرو کے نعرے بلند کرنے والے یہ نہیں جانتے کہ ان نعروں پر تاناشاہ کی روح کتنا تڑپتی ہو گی۔ دراصل صحیح روزمرہ نادر شاہی ہے۔ یہ بات سب جانتے ہیں کہ نادر شاہ نے مغلیہ سلطنت کے آخری دور میں دلی پر حملہ کیا تھا اور وہاں خون کے دریا بہا دیے تھے، ظلم کی انتہا کر دی تھی اور دلی کو لوٹ کر تباہ و

تاراج کر دیا تھا۔ اس کے بعد دلی کے روزمرہ میں نادر شاہی ظلم کے لیے استعمال ہونے لگا۔ آزادیِ ہند کے بعد نہ جانے کس بد بخت نے نادر شاہی کو تاناشاہی سے بدل دیا اور پھر ہندی میں اس کا رواج عام ہو گیا۔ افسوس اس بات کا ہے کہ اب تو اردو بولنے والے بلکہ دکن کے اردو بولنے والے بھی اس روزمرہ کو بغیر سوچے سمجھے استعمال کرنے لگے ہیں۔

علامہ اعجاز فرخ کا اگلا مضمون "زمیں کھا گئی آسماں کیسے کیسے" مغل سلطنت کے عروج وزوال کا جائزہ اور نادر شاہ کے دلی پر حملے کے بارے میں حقائق پیش کرتا ہے۔ اور ساتھ ہی اس میں دکن میں آصفیہ حکومت کے بانی آصف جاہ اول کا تذکرہ ہے۔ اس کے بعد "بازیچۂ اطفال ہے دنیا مرے آگے" اور "میر محبوب علی خان کو نہیں جانتے کیا" کے زیرِ عنوان دو مضامین میں نظام دوم سے نظام ششم تک کا عہد سمیٹا گیا ہے۔ میر محبوب علی خان ریاست حیدر آباد کے سب سے محبوب فرماں روا تھے۔ میں نے اپنے بچپن میں کہن سالہ بزرگوں اور بڑی بوڑھیوں کو "محبوب علی پاشا" کے لیے رطب اللساں دیکھا ہے۔ ان کی سخاوت اور داد و دہش اپنی مثال آپ تھی۔ بیحد کم عمری میں یعنی صرف ڈھائی سال کی عمر میں ان کے سر پر سلطنت کا بوجھ آپڑا تھا۔ ظاہر ہے کہ مشیرانِ سلطنت نے ساری ذمہ داری سنبھالی لیکن پوری وفاداری سے۔ نہ کوئی سازش نہ عہدے کا ناجائز استعمال۔

میر محبوب علی خان پر لکھے گئے اس مضمون کے بعد مضامین کا یہ سلسلہ عارضی طور پر رک گیا ہے۔ یہ بھی ہے کہ اس کے بعد میر عثمان علی خان کا دور شروع ہوتا ہے جو ریاست حیدر آباد کا سنہری دور ہے۔ یہی وہ دور ہے جب عثمانیہ یونیورسٹی کا قیام عمل میں آیا، ہائی کورٹ قائم ہوئی، مجلس مقننہ وجود میں آئی، باب الحکومت کی تنظیمِ نو ہوئی، متعدد کارخانے قائم ہوئے، دواخانے اور تالاب بنے، بے شمار فلاحی کام انجام دیئے گئے، پولس ایکشن کا سانحہ ہوا اور ریاست حیدر آباد ہندیونین میں ضم کر لی گئی۔ آنے والے مضامین

اس دور کا احاطہ کس طرح کرتے ہیں یہ تو آنے والا وقت ہی بتائے گا۔ میں تو صرف اتنا کہہ سکتا ہوں کہ علامہ اعجاز فرخ کے قلم میں جو جادو ہے اس کا جواب نہیں۔ جن مضامین کا میں نے بالائی سطور میں ہلکا سا ذکر کیا ان میں مستند حوالوں سے مدد لی گئی ہے اور یہ مضامین تحقیق کے معیار پر کھرے اترتے ہیں۔ انہوں نے شیشے کو شیشے کی طرح اور ریشم کو ریشم کی طرح برتا ہے۔ وہ شیشہ صفت بھی ہیں اور تیشہ بدست بھی۔ یہ علامہ اعجاز فرخ کا مزاج ہے۔ وہ کوئی بات یوں ہی نہیں لکھتے، پوری جانچ اور پرکھ کے بعد ہی ان کا قلم چلتا ہے۔ وہ پکے حیدرآبادی ہیں اور حیدرآباد کی تہذیب ان میں رچی بسی ہے۔ اس مٹی کی سوندھی خوشبو ان کے رگ و پئے میں سمائی ہوئی ہے۔ وہ آگہی کے عذاب سے آشنا اور ناآگہی کے کرب سے آگاہ ہیں۔ اسی لیے انھوں نے اپنے غم زدہ دل کے درد کو قرطاس پر بکھیر دیا ہے تاکہ آگہی کو وسعت ملے، آنے والی نسلیں اس آگہی سے روشناس ہوں اور آنے والا مورخ ان حقائق سے بہرہ ور ہو سکے۔ ان مضامین کے لیے وہ خود کو بھلا بیٹھے ہیں، ایک بے چینی سی ان میں نہاں بھی ہے اور عیاں بھی۔ اکثر سوچتا ہوں۔۔۔

جانے کیا گزرے ہے قطرے پہ گہر ہونے تک

(۵) اکبر الہ آبادی

۱۸۵۷ء کا خونیں انقلاب جسے انگریزوں نے غدر کا نام دیا تھا، ہندوستان کی تاریخ کا ایک اہم باب ہے۔ انگریزوں کے استبداد کے خلاف ہندوستانیوں نے متحدہ طور پر جدوجہد کی لیکن ہندوستان کو انگریزوں کے چنگل سے آزاد کرانے کی یہ کوشش ناکام ثابت ہوئی۔ اس کے بعد تو انگریز حکمرانوں نے اس قدر ظلم و ستم ڈھائے کہ جس کی مثال نہیں ملتی۔ جس کسی پر یہ شبہ ہوا کہ اس نے انگریزوں کے خلاف ہتھیار اٹھائے اسے توپ سے اڑادیا گیا یا پھانسی دیدی گئی۔ دہلی کے اطراف سولیوں پر کئی دن تک لاشیں لٹکتی رہیں جس کا مقصد صرف یہ تھا کہ عوام میں خوف پیدا ہو جائے اور وہ انگریزوں کے خلاف آواز اٹھانے کی ہمت نہ کرسکیں۔ عام مسلمانوں کی ہمتیں پست ہو چکی تھیں اور انھیں کچھ سوجھائی نہیں دے رہا تھا۔ آہستہ آہستہ کچھ بیداری آئی۔ عوام کو یہ احساس ہونے لگا کہ اگر وہ زمانے کے ساتھ نہیں چلیں گے تو پھر ان کا نام ونشان مٹ جائے گا۔

۱۸۵۷ء کے بعد ہندوستان کے افق پر جو تبدیلیاں آئیں ان کا گہرا اثر یہاں کی سماجی اور معاشرتی زندگی پر بھی پڑا۔ ایک گروہ نے یہ سوچنا شروع کیا کہ نئی تہذیب کو اپنائے بغیر اور مغربی علوم کو حاصل کئے بغیر ترقی ممکن نہیں۔ چنانچہ سرسید احمد خان اور ان کے ساتھیوں کی کاوشیں رنگ لائیں اور اینگلو محمڈن کالج کا قیام عمل میں آیا جہاں مسلمانوں کو جدید علوم کی طرف راغب کیا گیا۔ ایک گروہ کا خیال تھا کہ صرف مذہبی علوم کے حصول سے ہی ہندوستانیوں کی فلاح ممکن ہے۔ ان لوگوں کو سرسید احمد خان کی کوششیں پسند نہ

تھیں۔ ان کا خیال تھا کہ اس طرح مسلمان دین سے دور ہو جائیں گے چنانچہ کٹر مذہبی علماء نے سرسید کی مخالفت پر کمر باندھ لی۔ ایک گروہ ایسا تھا جو ہندوستانیوں کی تہذیبی شناخت کو اہم جانتا تھا۔ یہ گروہ تعلیم کا مخالف نہ تھا لیکن اقدار کی شکست و ریخت اس کے لیے ناقابل برداشت تھی۔ لسان العصر خان بہادر اکبر حسین اکبر الہ آبادی اسی گروہ کے علم بردار تھے۔ اکبر الہ آبادی نے سنجیدہ شاعری بھی کی ہے لیکن ان کی شناخت ظریفانہ اور طنزیہ شاعری سے ہے۔ اودھ پنچ اردو کا وہ اہم رسالہ ہے جس نے لندن سے نکلنے والے پنچ کی طرح طنز و مزاح کے پیرائے کو اپنایا۔ اور اردو کو ایک ایسا اسلوب دیا جس میں تلخی، طنز، شوخی اور مزاح بنیادی حیثیت کے حامل تھے۔ اس رسالے نے اپنی تیکھی اور طنز و مزاح میں ڈوبی ہوئی تحریروں کے ذریعے ہندوستانیوں کی تہذیبی اقدار کو ٹوٹنے اور بکھرنے سے روکنے کی کوشش کی۔ اکبر الہ آبادی اسی دور کی پیداوار ہیں۔ اودھ پنچ کے ایک اہم قلم کار کی حیثیت سے انہوں نے اس دور کی ایک اہم ضرورت کو پورا کیا۔

مختصر حالاتِ زندگی

اکبر الہ بادی کا پورا نام سید اکبر حسین تھا۔ ان کے والد تفضل حسین رضوی نائب تحصیل دار کے عہدے پر فائز تھے۔ اکبر ۱۶ نومبر ۱۸۴۶ء کو قصبہ بارا میں پیدا ہوئے۔ ان کی پیدائش کے کچھ ہی سال بعد والد کا انتقال ہو گیا اور ان کے تایا سید وارث علی نے پرورش کی۔ معمولی سی تعلیم کے بعد ۷ا برس کی عمر میں مجبوراً انہیں پندرہ روپئے ماہوار کی ملازمت کرنی پڑی پھر انہوں نے ریلوے کے دفتر میں محرر کی حیثیت سے کام کیا۔ اسی دوران انھوں نے انگریزی میں استعداد حاصل کی اور ۱۸۵۷ء میں وکالت کا امتحان کامیاب کر کے وکالت کا پیشہ اختیار کیا۔ ۱۸۶۹ء میں وہ نائب تحصیل دار مقرر ہوئے۔ اس

کے بعد داروغۂ آبکاری کا عہدہ سنبھالا۔ پھر وہ ہائی کوٹ میں ملازم ہو گئے۔ ۱۸۷۳ء میں انھوں نے ہائی کوٹ کی وکالت کا امتحان کامیاب کیا اور منصف کے عہدے پر فائز ہوئے۔ ۱۸۸۸ء میں انھیں نائب جج بنایا گیا پھر عدالت حفیفہ کے جج بنے اور اس کے بعد سیشن جج ہو گئے۔ ۱۹۰۵ء میں اکبر ملازمت سے سبکدوش ہوئے۔ ۱۹۰۷ء میں برطانوی حکومت نے ان کی خدمات کے پیش نظر خان بہادر کے خطاب سے نوازا جس کے بعد الٰہ آباد یونیورسٹی نے انھیں فیلو مقرر کیا۔ ۹ ستمبر ۱۹۲۱ء کو اکبر نے ۷۵ برس کی عمر میں وفات پائی۔

اکبر کی ابتدائی شاعری

اکبر نے تقریباً پچپن برس تک اقلیم شعر پر حکمرانی کی ۔۔۔۔۔۔ابتدائی شاعری میں وہ قدیم روش نمایاں طور پر نظر آتی ہے جو شعرائے لکھنؤ کی نازک خیالیوں کی آوردہ تھی۔

الفت گیسو نے آخر دی میرے دل کو شکست
ہائے کیا انمول شیشہ تھا مگر بال آگیا

انہوں نے غزل کی قدیم روایت کی پاسداری میں جو اشعار کہے ہیں ان میں ایسے ہی مضامین کی بہتات نظر آتی ہے جو اس دور کی شاعری کا خاصہ رہے ہیں۔

پھر گئی آپ کی دو دن میں طبیعت کیسی
یہ وفا کیسی تھی صاحب یہ مروت کیسی
آپ بوسہ جو نہیں دیتے تو میں دل کیوں دوں
ایسی باتوں میں میری جان مروت کیسی

یاد قیامت سے جو اس دن مل گئی فرصت ہمیں
دیکھ لیں گے دور سے ہم بھی تماشہ حشر کا

غزل میں اکبر نے جو گل کھلائے ہیں ان سے فکری سطح پر بھی کہیں کہیں مشامِ جاں معطر ہوتے ہیں اور یہ فیض غزل کی ہمہ جہتی کیفیت کا ہے۔

دارِ فنا سے لے نہ چلے کچھ تو غم نہیں
فرمایئے تو، لائے تھے ملک بقا سے کیا

مداوائے رہنمائے گمرہاں اس دشتِ غربت میں
مسافر ہوں پریشان حال ہوں گم کردہ منزل ہوں

توقع رہتی ہے ہر دم کہ دم لینے کی مہلت ہے
معاذاللہ اپنی موت سے کس درجہ غافل ہوں

میں دیتا جاؤں یاران وطن کو کیا پتہ اپنا
خدا جانے مجھے لے جائے وحشت کس بیاباں میں

خانۂ دل کو کیا عشق بتاں نے برباد
کیا سے کیا ہوگئی اللہ کے گھر کی صورت

اب کہاں اگلے سے وہ راز و نیاز
مل گئے صاحب سلامت ہوگئی

اور یہ مشہور شعر ان ہی کا ہے۔

ہم آہ بھی کرتے ہیں تو ہو جاتے ہیں بدنام
وہ قتل بھی کرتے ہیں تو چرچا نہیں ہوتا

اس کے باوجود اکبر کی عظمت تو اس شاعری سے ہے جس میں طنز کی کاٹ اور مزاح کی چاشنی غالب عنصر کی حیثیت رکھتی ہے۔

اکبر کی طنزیہ و مزاحیہ شاعری

اکبر الہ آبادی سرکاری ملازم بھی رہے اور شاید اسی لیے ان کے لیے یہ ممکن نہ تھا کہ راست لب و لہجہ میں انگریزی استبداد کے خلاف آواز بلند کرتے لیکن شعری زبان کی وسعت اور ظرافت آمیز اظہار نے اس کمی کو پورا کر دیا۔ چنانچہ وہ کہتے ہیں۔

شاہد معنی نے اوڑھا ہے ظرافت کا لباس

اور اس طرح اکبر نے اپنے موقف کی وضاحت کر دی ہے کہ ظرافت کے پیچھے جو معنی چھپے ہوئے ہیں ان کی تلاش کرنے پر در مقصود مل سکتا ہے۔

اکبر کی طنزیہ و مزاحیہ شاعری اودھ پنچ کی مرہون منت ہے۔ بقول ڈاکٹر وزیر آغا

"اودھ پنچ نہ صرف اردو کا پہلا مزاحیہ اخبار تھا بلکہ اس نے پہلی بار اردو میں مغربی طنز و مزاح کے حربوں کو بھی استعمال کیا۔" (اردو ادب میں طنز و مزاح صفحہ ۱۹۲)

اس اخبار کے ایڈیٹر منشی سجاد حسین نے سیاسی، معاشی اور معاشرتی مسائل پر بے خوف و خطر طنز و مزاح کے پیرائے میں نکتہ چینی کی اور یہی حال اودھ پنچ کے تمام معاونین کا تھا۔ برج نارائن چکبست لکھتے ہیں:

"ظریفانہ نظم کے میدان میں حضرت اکبر سب سے دس قدم آگے ہیں۔ عموماً سوشل، پولیٹکل اور مذہبی مسائل کے ظرافت آمیز پہلو جس خوبی کے ساتھ اکبر نے نظم

کئے ہیں وہ دوسرے کو نصیب نہیں"

(گلدستۂ پنچ صفحہ ۱۴)

سچ بات تو یہ ہے کہ اکبر کے مزاج میں ظرافت اور مزاح کا مادہ بدرجۂ اتم موجود تھا۔ مزاح ان کی طبیعت کا خاصہ تھا اور اسی لئے سرکاری ملازمت کے باوجود وہ اودھ پنچ کے لئے لکھتے رہے۔ ان کی فطری شوخی، ظرافت اور قلم کی کاٹ نے جب شعر کی زبان میں سماج، تعلیم، سیاست، معاشرت اور بدلتی اقدار پر چوٹ کی تو فکری سطح پر تیزی سے فروغ پاتی ہوئی بے راہ روی کو ایک رکاوٹ کا سامنا کرنا پڑا۔

ان کی شاعری میں چھپے ہوئے قومی جذبے کا جائزہ لیا جائے تو یہ اندازہ کرنا مشکل نہیں کہ وہ انگریزوں کی استعماریت اور ہندوستانی تہذیب پر ان کے تسلط کے ہمیشہ شاکی رہے۔ سرکاری ملازمت نے ان کے اظہار کی راہ میں روڑے ضرور اٹکائے لیکن وہ دل سے قومی تحریک اور آزادیٔ وطن کے قائل تھے۔ گاندھی جی کے لئے وہ کہتے ہیں۔

مدخولۂ گورنمنٹ اکبر اگر نہ ہوتا

پاتے اسے بھی اک دن گاندھی کی گوپیوں میں

مغربی تعلیم کے سیلاب سے اکبر بیزار تھے۔ یہ نہیں ہے کہ وہ تعلیم کے خلاف تھے۔ خود اپنے لڑکے عشرت حسین کو انہوں نے اعلیٰ تعلیم کے لیے لندن بھیجا تھا۔ اور جب انہیں محسوس ہوا کی لندن کی فضاء نے عشرت کو اسیر کرلیا ہے تو وہ مشہور نظم مکمل ہوئی کہ

کھا کے لندن کی ہوا عہد وفا بھول گئے

ان کے نزدیک وطن اور وطن کی تہذیبی اقدار کی بڑی اہمیت تھی۔ وہ مغربی تعلیم

کے اس خطرناک پہلو سے قوم کو بچانا چاہتے تھے جس سے ہندوستانیوں کی شناخت ختم ہو سکتی تھی۔

حامدہ چمکی نہ تھی انگلش سے جب بے گانہ تھی
اب ہے شمعِ انجمن پہلے چراغِ خانہ تھی
ہم ایسی کل کتابیں باعث ضبطی سمجھتے ہیں
کہ جن کو پڑھ کے بیٹے باپ کو خبطی سمجھتے ہیں

اے فلک انگلش و جرمن ہو مبارک تجھ کو
ہم کو تو اردو و ہندی میں بسر کرنا ہے

علم مغرب پڑھ کے ہوں گی ایسی خود سر بیاں
بی بیاں شوہر بنیں گی اور شوہر بی بیاں

وہ اس دور کی فیشن پرستی پر وار کرتے ہوئے کہتے ہیں۔

مریدِ دہر ہوئے وضع مغربی کر لی
نئے جنم کی تمنا میں خودکشی کر لی

ایک اور جگہ کہتے ہیں۔

نئی مخمل کی نکٹائی تو گویا طوقِ گردن ہے
وہی بت خانہ بہتر تھا وہی زنار اچھی تھی

ان کے خیال میں تعلیم کا مقصد یہ نہیں ہے کہ صرف ملازمت حاصل کر لی جائے اور بس۔

ہم کیا کہیں احباب کیا کارِ نمایاں کر گئے

بی اے ہوئے نوکر ہوئے پنشن ملی پھر مر گئے

وہ تجارت کو طرۂ افتخار مانتے ہیں۔ اگرچہ وہ خود ملازم رہے لیکن ملازمت سے نالاں نظر آتے ہیں۔ انہوں نے مغربی اقوام کی سربلندی کا سبب تجارت بتایا ہے۔

پاتی ہیں قومیں تجارت سے عروج
بس یہی ان کے لئے معراج ہے
ہے تجارت واقعی اک سلطنت
ناز یوروپ کو اس کا آج ہے

اکبر کی ابتدائی شاعری میں جو نازک خیالی نظر آتی ہے اس کا پرتو ان کی ظریفانہ شاعری میں نظر نہیں آتا۔ اپنے مخصوص ظریفانہ رنگ میں شعر کہتے ہوئے اکبر نے نازک خیالی کے لبادے کو اتار پھینکا لیکن رعایت لفظی سے فائدہ اٹھانے کی خو نہ گئی۔

پا کر خطاب ناچ کا بھی ذوق ہو گیا
سر ہو گئے تو بال کا بھی شوق ہو گیا

زلف نے پر تو دِیں نام کو رہنے نہ دیا
آخر اس لام نے اسلام کو رہنے نہ دیا

اکبر نے اردو شاعری کو نئی لفظیات سے روشناس کرایا اور دوسری زبانوں کے الفاظ خصوصاً انگریزی کے الفاظ کا استعمال کر کے مزاج کی ایسی کیفیت پیدا کی جو اہل نظر کے لئے تازیانے کا کام کرتی ہے۔

شیخ آنز کے لئے آتے ہیں میدان کے بیچ
ووٹ ہاتھوں میں ہے اسپیچ قلمدان کے بیچ

کیا کہوں اس کو میں بد بختی نیشن کے سوا
اسکو آتا نہیں اب کچھ امٹیشن کے سوا

ان کے قلم کے نشتر سے کوئی نہ بچ سکا۔۔۔۔۔۔۔سیاسی جماعتیں، فلاحی ادارے اور ان کے سربراہ، مذہبی علماء سبھی کو اکبر نے نشانہ بنایا۔۔۔۔۔۔ایسے لیڈر جنھوں نے اپنے فائدے کے لئے قوم کا نعرہ لگایا، ان کے لئے اکبر کے شعر ایک نشتر کی طرح ہیں۔

گردن ریفارمر کی اک سمت تن گئی
بگڑی ہو قوم و ملک کی ان کی تو بن گئی

تمام قوم ایڈیٹر بنی ہے یا لیڈر
سبب یہ ہے کہ کوئی اور دل لگی نہ رہی
کیا عذر قوم کو ہے ترقی کی بات میں
رغبت کے ساتھ خود سے وہ لیڈر کے ہات میں

زندگی کو ضرور ہے اک شغل
خیر بالفعل لیڈری ہی سہی

سروس میں میں داخل نہیں، ہوں کا خادم
چندوں کی فقط آس ہے تنخواہ کہاں ہے

جہاں تک نئی روشنی، مغربی علوم کے حصول اور سائنس اور ٹکنالوجی کی طرف بڑھتے ہوئے رجحان کا تعلق ہے یہ کہا جا سکتا ہے کہ اکبر الہ آبادی نے اپنے کان بند کر لئے تھے۔ وہ آنے والے دنوں کی آہٹ محسوس نہیں کر سکے۔ قدامت پرستی نے انہیں نئی روشنی کے خلاف کہنے پر اکسایا تھا۔ مصلحان قوم کے عظیم کارنامے ان کے سامنے ہیچ

تھے۔ حصول علم کے بدلتے ہوئے رجحان پر نشانہ بازی کرتے ہوئے انہیں اس بات کا اندازہ نہیں تھا کہ زمانے کی کروٹیں کیا گل کھلانے والی ہیں۔ لیکن اس بات سے بھی انکار نہیں کیا جاسکتا کہ اکبر نے اپنے اشعار میں چھپے ہوئے تیر و نشتر سے ان ناسوروں کو کریدا تھا جو آنے والے زمانے کے لئے تکلیف دہ ثابت ہوسکتے تھے۔ انہوں نے اپنے لفظوں کی کمندوں سے بے راہ روی کی طرف بڑھتی ہوئی قوم کو روک کر اپنی تہذیبی شناخت باقی رکھنے پر زور دیا تھا انہوں نے توازن کی راہ اختیار کرنے کی طرف توجہ دلائی تھی۔ ایک طرف تو اکبر نے اردو شاعری میں طنز و مزاح کے ملے جلے اسلوب کو فروغ دے کر زندگی کی تنقید کا اہم فریضہ انجام دیا تھا تو دوسری طرف آنے والے زمانے کے طنز و مزاح پر مشتمل سرمائے کے لئے ایک مشعل روشن کرگئے اور یہی اکبر کا کارنامہ ہے۔

خلاصہ

اکبر الٰہ آبادی کا پورا نام سید اکبر حسین تھا۔ ۱۸۴۶ء میں قصبہ بارا میں پیدا ہوئے۔ معمولی ملازمت سے آغاز کیا اور اپنی تعلیمی قابلیت بڑھاتے رہے۔ ۱۹۰۵ء میں سیشن جج کی حیثیت سے وظیفہ پر سبکدوش ہوئے۔ برطانوی حکومت نے ان کی خدمات کے پیش نظر انھیں خان بہادر کے خطاب سے نوازا۔ ۷۵ برس کی عمر میں ۱۹۲۵ء میں اکبر نے وفات پائی۔ ان کی شاعری کا ابتدائی دور لکھنوی رنگ کا ہے کافی عرصہ تک وہ سنجیدہ شاعری کرتے رہے۔ چونکہ ان کی فطرت میں ظرافت کا مادہ تھا اس لئے وہ ظریفانہ شاعری کی طرف متوجہ ہوئے۔ ان کی طنزیہ و مزاحیہ شاعری میں مسلمانوں کے سیاسی، سماجی و معاشرتی مسائل کا احاطہ کیا گیا ہے۔ وہ اگرچہ سرکاری ملازم تھے لیکن اپنی ظریفانہ طبیعت اور شاعرانہ مزاج کی بدولت سماج اور بدلتی ہوئی قدروں پر چوٹ کرتے رہے۔ وہ

آزادی وطن کے قائل تھے اور مغربی تہذیب کی بڑھتی ہوئی یلغار کے مخالف تھے۔ انھوں نے اپنی شاعری میں انگریزی الفاظ کو بھی بڑی خوبی سے پیش کیا۔ ان کے قلم کے نشتر سے کوئی بچ نہ سکا سیاسی جماعتی، فلاحی ادارے، مذہبی علماء، لیڈر سبھی کو اکبر نے اپنے طنز کا نشانہ بنایا۔ اکبر کو بلا شبہ اردو طنز و مزاح کا سب سے اہم شاعر کہا جا سکتا ہے۔

(٦) یوسف ناظم کا فن

انسانی زندگی سے اگر ہنسی چھین لی جائے تو یہ دنیا شاید جہنم بن جائے۔ ویسے ہنسی کئی قسم کی ہو سکتی ہے ------ کھسیانی ہنسی، استہزائی ہنسی، طنزیہ ہنسی، مصنوعی ہنسی، دوسروں کو ذلیل کرنے والی ہنسی وغیرہ ------ وغیرہ ------ ! لیکن سب سے زیادہ منزہ ہنسی وہ ہے جس سے کسی دوسرے کے دل پر چوٹ نہ لگے، جو بے پناہ مسرت و حظ کے اظہار کے طور پر دل کی گہرائیوں سے نکلنے اور اس ہنسی میں دوسرے لوگ بھی بلا کسی استکراہ کے یکساں طور پر شریک ہو سکیں۔ یہ ہنسی انسان کے لئے ایک انتہائی اہم اور ضروری چیز ہے کیونکہ یہ خوش دلی کی علامت ہے۔ یہ ہنسی زندگی ہے دشوار گزار اور خاردار صحراء کو رنگ و نکہت سے معمور گلستانوں میں تبدیل کر دیتی ہے۔ اور مزاج اسی بے پناہ مسرت کا سرچشمہ ہے جو انسان کی زندہ رہنے کا حوصلہ عطا کرتا ہے۔

مزاج کے ساتھ ساتھ ایک اور چیز اسی طرح پہلو بہ پہلو نظر آتی ہے جس طرح پھول کے ساتھ کانٹا موجود ہوتا ہے یہ چیز ہے طنز اور طنز ------ طنز کی اعلیٰ ترین قسم وہ ہے جس میں خوش دلی کی کیفیت موجود ہو۔ بقول وزیر آغا طنز سماج کے رستے ہوئے زخموں کی طرف متوجہ کرتا ہے۔ لیکن رستے ہوئے زخموں کی طرف متوجہ کرنے اور ان پر نشتر زنی کے لئے بے حد مہارت کی ضرورت ہوتی ہے۔ یوسف ناظم کے ہاں مزاج اور طنز کے دونوں رخ بے حد متوازن انداز میں موجود ہیں۔ وہ اپنے اپنے طنز کے نشتروں کو کسی کے دل میں ترازو نہیں کرتے اور نہ ہی مزاج سے ان کے ہاں پھکڑ پن کی کیفیت پیدا

ہوتی ہے۔ وہ سماج کے رستے ہوئے ناسوروں پر نہایت مہارت سے نشتر رکھتے ہیں اور ان پر مزاح کا مرہم لگا کر لطیف جذبات کو مہمیز کرتے ہیں۔ انھوں نے اپنی تحریروں میں ذاتیات کو کبھی نشانہ نہیں بنایا۔ وہ خود اپنی ذات کو ہدف ملامت بناتے ہیں اور نہ ہی اپنے ہم عصروں کی ذات پر کیچڑ اچھالنے کی کوشش کرتے ہیں۔ اسی لئے آفاق حسین صدیقی نے لکھا تھا اور بالکل درست لکھا تھا کہ۔

"ان کا (یوسف ناظم کا) طنز ان کی خود کی ذات کی الجھنوں اور ذاتی معاملات کی تلخیوں کا نتیجہ نہیں ہے اور نہ ہی انہوں نے اپنی تحریروں میں ذاتی معاملات یا نجی زندگی کی ناہمواریوں کو طنز کا نشانہ بنایا ہے اور نہ ہی ان کے طنز و مزاح کی اساس ذاتی اغراض و مقاصد پر ہے۔ بلکہ اپنی تحریروں میں انہوں نے اپنے عہد کے مختلف النوع معاملات اور گوناگوں ناہمواریوں اور عام زندگی کے بے ڈھنگے پن کو طنز و مزاح کا نشانہ بنایا ہے۔ ان کا معاشرہ ان کے طنز و مزاح کا موضوع ہے اور اسی عہد اور معاشرے سے ہی انھوں نے طنز و مزاح کا مواد حاصل کیا ہے۔"

(مضمون "طنز و مزاح اور یوسف ناظم ۲۲ ماہنامہ شاعر جنوری، فروری ۸۰ء)

یوسف ناظم جس معاشرے کے فرد ہیں اس کی ناہمواریاں ان کے حساس دل کو مجبور کر دیتی ہیں کہ وہ اس پر لکھیں۔ بمبئی میں جگہ کی قلت سے کون واقف نہیں ------ یہاں جگہ کی قلت کا رونا تو ہر مصنف نے رویا ہے۔ یوسف ناظم بھی روتے ہیں بلکہ سسکیاں لے لے کر روتے ہیں ------ یہ اور بات ہے کہ یہ سسکیاں آسانی سے سنائی دینے والی نہیں ہیں وہ خود بھی روتے ہیں اور ہم سب کو رلاتے ہیں۔ لیکن انداز عجیب و غریب ہے۔ بنیان کی ضرورت بیان کرتے ہوئے لکھتے ہیں۔

"بمبئی کا آدمی اس میں اپنا فونٹن پن لگاتا ہے بلکہ وہ بنیان پہنتا ہی اس لئے ہے کہ اگر نہ پہنے تو فونٹن پن کہاں رکھے ہم نے بہتوں کو تو کتابیں اور فائیلیں تک بنیان میں رکھے دیکھا۔۔۔۔۔۔ بمبئی میں جگہ کی بڑی قلت ہے۔۔۔۔۔۔"

(پردیسی کا سفر نامہ ہندوستان۔ مشمولہ البتہ ۱۰)

اور آگے پلیٹ فارم کا ذکر کرتے ہوئے تحریر فرماتے ہیں

"ہر ریلوے پلیٹ فارم پر نیرے کا ایک اسٹال ضرور ہوتا ہے۔ جس پر بعد میں وہ جگ سو سکتے ہیں جنھیں بنچوں پر سونے کے لئے جگہ نہ ملی ہو۔ ریلوے پلیٹ فارم پر جتنے بھی بنچ ہوتے ہیں برسوں سے چند خاص لوگوں کی رہائش کے لئے ریزرو ہو چکے ہیں۔ خود پلیٹ فارم اور بالائی پلوں پر بھی قیام و طعام کی اجازت ہے۔ جو لوگ یہاں مستقل طور پر رہنا نہ چاہیں وہ چار چھ گھنٹے کے لئے اپنی دوکان لگا سکتے ہیں۔ بظاہر اس کا کوئی کرایہ نہیں ہے ۔۔۔۔۔۔"

اس "بظاہر" کا لطف لیجئے اور سر دھنئے۔ یہ یوسف ناظم کا فن ہے کہ ایک آدھ لفظ کے استعمال سے یا ایک آدھ فقرے کے ذریعے طنز و مزاح کا ایک طوفان برپا کر دیتے ہیں۔ وہ کبھی ایک آدھ لفظ کے مفہوم کو مزید وسیع کر دیتے ہیں اور اس سے ایک کیفیت پیدا کرتے ہیں۔ آج کل اسکولوں میں جو کچھ ہوتا ہے وہ ہر ایک پر روز روشن کی طرح عیاں ہے۔ اسکول جاتے ہوئے ننھے ننھے بچے ایک ایسا گدھا نظر آتے ہیں جس پر اس کی بساط سے کئی گناہ زیادہ بوجھ ڈال دیا گیا ہو۔ یوسف ناظم کے مشاہدے کا کیمرہ اس تصویر کو بھی اپنے اندر جذب کرتا ہے۔

دیکھئے وہ ایک بچے کی تصویر کھینچ رہے ہیں جو اسکول جارہا ہے۔ لکھتے ہیں

"دیکھو وہ لڑکا اسکو جارہا ہے (کتنا غمگین ہے) اس کی پیٹھ پر خاکی رنگ کا ایک بستہ

ہے۔ اس بستے میں بیس عدد ایکسر سائز بک ہیں۔ ان بیاگوں کو اٹھائے اٹھائے پھرنے سے اچھی خاصی ورزش ہو جاتی ہے۔ جب ہی تو انہیں ایکسر سائز بک کہا جاتا ہے۔"

اردو کی پہلی کتاب جدید کے چند سبق (دوسرا سبق) مشمولہ "فی الحال" ایکسر سائز بک کا یہ نیا مفہوم یوسف ناظم کے ذہن رسا کا کمال ہے۔۔۔۔ اور واقعی جب ان نوٹ بکس کو ایکسر سائز بک کہا گیا ہو گا تو یہ ہر گز نہ سوچا ہو گا کہ ایکسر سائز بک کا یہ مصرف بھی ہو سکتا ہے۔ سبک خرامی یوسف ناظم کی تحریر کا ایک اہم وصف ہے۔ اگر آپ ان کی تحریر دریاؤں میں روانی کو محسوس کرنا چاہیں جیسے مشتاق احمد یوسفی کے ہاں نظر آتی ہے تو شاید آپ کو مایوسی ہو۔ کیونکہ یوسف ناظم رک رک کر لکھنے کے عادی ہیں۔ تھم تھم کر بہنے کے قائل ہیں۔ پچھلے پچاس برسوں میں انھوں نے صرف لفظوں کے پل نہیں باندھے اور نہ پہاڑی ندی کی طرح اچھل کود کی ہے۔ وہ زندگی کو برتتے ہیں اس کے مختلف پہلوؤں کا بڑی گہرائی کے ساتھ مطالعہ کرتے ہیں اور بے حد محتاط انداز میں اپنے قلم کو حرکت میں لاتے ہیں۔ اسی لئے پروفیسر سلیمان اطہر جاوید نے یوسف ناظم کے فن پر لکھا ہے کہ۔

"ان کا فن اپنے پڑھنے والوں سے ایک خاص معیار کا مطالبہ کرتا ہے ایک اونچے نکھرے ستھرے علمی و ادبی ذوق کا۔۔۔ اردو ادب کی روایات سے آگہی کا۔۔۔۔ یوسف ناظم، لگتا ہے جتنا وقت لکھنے میں صرف کرتے ہیں اس سے زیادہ وقت "کیا لکھیں اور کیسے لکھیں" پر غور کرنے میں صرف کرتے ہیں وہ ضبط و احتیاط کا دامن ہاتھ سے نہیں چھوڑتے۔۔۔۔۔۔"

(مضمون "یوسف ناظم ایک مطالعہ" مشمولہ ماہنامہ شاعر جنوری و فروری ۸۰ء)

ابھی میں نے عرض کیا تھا کہ یوسف ناظم روتے بھی ہیں اور رلاتے بھی ہیں۔ بلکہ مجھے یہ کہنے میں کوئی تامل نہیں کہ وہ رلانے کا فن بہت اچھی طرح جانتے ہیں شاید اسی لئے وہ رونے کے بائی پروڈکٹ یعنی آنسو کے ذائقے سے نہ صرف واقف ہیں بلکہ اس ذائقے سے دوسروں کو واقف کروانا بھی اپنا فرض اولین سمجھتے ہیں۔ ان کا خیال ہے کہ آنسو اگر اصلی ہوں گے تو نمکین ضرور ہوں گے۔۔۔۔ وہ لکھتے ہیں۔

"آدمی کے آنسو ذائقے میں نمکین ہوتے ہیں شرط یہ ہے کہ یہ آنسو اصلی ہوں ۔۔۔۔ مگر مچھ کے آنسو نہ ہوں۔۔۔۔۔ آنسوؤں کے نمکین ہونے کا فائدہ یہ ہے کہ آدمی جب بھی اپنے منھ کا مزہ بدلنا چاہتا ہے، اپنے آنسو پی لیتا ہے (آدمی کتنا خود مکتفی ہے) (مضمون "حق نمک کا" مشمولہ فی الحال۔۔۔۔ ص ۱۵)

آخری جملہ قوسین میں ہے۔ دیکھئے وہ اس جملے سے کیسی زبردست چوٹ کر گئے ہیں۔ اس طرح کے قوسینی جملے یوسف ناظم کی اہم خصوصیت ہیں۔ وہ اپنے ہر اہم نثر پارہ کے اختتام پر ایک چھوٹا سا جملہ قوسین میں داغ دیتے ہیں ان کا کوئی مجموعہ اٹھا کر دیکھ لیجئے۔ ایسے قوسینی جملے جگہ جگہ نظر آئیں گے۔ استاذی پروفیسر مجاور حسین رضوی نے ایسے جملے کو نثر میں مستزاد کہا تھا۔ میں اسے قوسینی جملے اس لئے کہہ رہا ہوں کہ قوسین کی عدم موجودگی میں ایسے جملے کی قلب ماہیت ہو جانے کا خدشہ لگا رہتا ہے۔ یوسف ناظم میں قوسینی جملے لکھنے کی بڑی پرانی عادت ہے جس سے اردو کا ہر ادیب، شاعر، نقاد، قاری بلکہ میرا خیال ہے کہ وہ بنیا تک واقف ہے جو کبھی کبھی یوسف ناظم کے چھپے ہوئے مضامین میں نمک مرچ اور دھنیا باندھ دیا کرتا ہے۔ ان کے قوسینی ادب کے چرچے چار دانگ عالم میں پھیلے ہوئے ہیں۔ یہاں تک کہ حیدر آباد کے ایک مزاح نگار مسیح انجم نے انہیں "یوسف قوسین" کا خطاب دے رکھا ہے بلکہ اس عنوان کے تحت ان پر ایک خاکہ

بھی لکھ مارا ہے۔ اس کے باوجود وہ قوسینی ادب سے سبک دوش نہیں ہوئے بلکہ اب تو قوسین کی تعداد میں اضافہ اور قوسینی جملوں کے درمیانی فاصلے میں کمی ہو رہی ہے۔ دراصل یوسف ناظم کو یہ اندازہ ہو گیا ہے کہ لوگ اب ان کے قوسینی جملوں پر زیادہ داد دیتے ہیں اس لئے وہ قوسین کی تعداد بڑھاتے جارہے ہیں۔ خدشہ یہ ہے کہ یوسف ناظم کے آئندہ مضامین کا ہر جملہ قوسین میں نہ ہو۔۔۔۔۔۔!!!

یوسف ناظم اپنے اطراف سے بے خبر نہیں رہتے وہ خوابوں کی دنیا کے ادیب نہیں ۔۔۔۔۔وہ زندگی کی تلخ حقیقتوں کے درمیان جیتے ہیں اور انہیں تلخ حقیقتوں کو طنز و مزاح کا روپ دے کر ہمارے سامنے پیش کر دیتے ہیں۔ عرصہ گزرا جب مرارجی ڈیسائی وزیر خزانہ تھے تو انھوں نے گولڈ کنٹرول آرڈر نافذ کیا تھا اور سونے کے استعمال پر کچھ پابندیاں عائد کر دی تھیں۔ ایک حساس فن کار اس قانون کے بطن سے اپنے مطلب کی باتیں کیسے ڈھونڈ نکالتا ہے اس کا نمونہ آپ کو یوسف ناظم کی اس تحریر میں نظر آئے گا۔ یہ بھی اندازہ کیا جاسکتا ہے کہ وہ دو تین موضوعات کو ایک چھوٹے سے نثر کے ٹکڑے میں پیش کرنے پر کتنی قدرت رکھتے ہیں۔۔۔۔ ایک طرف گولڈ کنٹرول آرڈر تھا تو دوسری طرف بھارت کی شہرۂ آفاق ہاکی ٹیم کا سورج رو بہ زوال تھا۔ وہ ٹیم جو اولمپک میں ہمیشہ گولڈ میڈل حاصل کرتی تھی اب چوتھے پانچویں نمبر پر آنے لگی تھی۔ یوسف ناظم کہتے ہیں۔

"ھندوستان میں جب سے گولڈ کنٹرول آرڈر نافذ ہوا ہے ہماری ہاکی ٹیم نے اولمپک میں گولڈ میڈل حاصل کرنا ترک کر دیا ہے۔ کون قانون شکنی کرے اور اپنے آپ کو مصیبت میں ڈالے۔ اب طالب علم بھی اس قانون کی پابندی کرنے لگے ہیں۔۔۔۔۔۔"

(ادبی نوشاہ مشمولہ شگوفہ اپریل ۷۷ء ص ۴۶)

آخری جملے میں یوسف ناظم نے طالب علموں کو بھی گھسیٹ لیا جن کا تعلیمی معیار

روز بروز گھٹتا جا رہا ہے۔ اکیسویں صدی کی آمد کا غلغلہ ایک عرصے سے ہے۔ ہر کس وناکس اکیسویں صدی کا انتظار کر رہا ہے اور ہر ایک کا انداز مختلف ہے۔ سربراہان مملکت نے اکیسویں صدی کی آمد کو اپنے لئے ایک نشانہ Target بنا لیا ہے۔ کوئی کہتا ہے کہ اکیسویں صدی میں کوئی جاہل نہ رہنے پائے۔ کسی ملک کا سربراہ چاہتا ہے کہ کوئی زندہ ہی نہ رہنے پائے۔۔۔ کوئی سائنسی ترقیوں کی باتیں کرتا ہے کوئی قحط اور بھوک کے خاتمے پر زور دے رہا ہے۔۔۔ غرض جتنے منھ اتنی باتیں بلکہ جتنے ذہن اتنے ہی ہتھکنڈے۔۔۔۔۔! لیکن ایک درد مند فنکار آنے والی صدی کے بارے میں کیا رائے رکھتا ہے؟ اسے آنے والی صدی کے خدوخال کیسے نظر آتے ہیں۔۔۔۔۔۔؟ یوسف ناظم کی یہ تحریر اس بات کا جواب ہے وہ لکھتے ہیں۔۔۔۔۔۔۔۔

"آنے والی صدی بھی شکل وصورت اور ہیئت کے اعتبار سے ویسی ہی صدی ہو گی جیسی کہ اب تک ہوتی آئی ہیں۔ لیکن صدی بہر حال صدی ہوتی ہے۔ اس لئے سوچا جا رہا ہے کہ اس کا استقبال کس طرح کیا جائے۔ بینڈ بجا کر یا بغلیں بجا کر۔۔۔۔ فضا میں فاختائیں اڑائی جائیں یا زمین پر ایک آدھ خوبصورت بم چھوڑا جائے۔ ویسے چھوٹے موٹے پیمانے پر کیمیکل اشیاء بنانے والے کارخانوں سے گیس کا اخراج بھی عمل میں لایا جاتا ہے کیوں کہ اس گیس کو بھی مفاد عامہ کے لئے استعمال کئے جانے کا رواج مقبول ہو رہا ہے اور لوگ ہنسی خوشی اس پر دل وجان سے فدا ہو رہے ہیں۔ (سرکاری اعداد پر بھی بھروسہ کیا جائے تو تعداد اچھی خاصی معلوم ہوتی ہے)

(مضمون "وہ آ رہی ہے" مشمولہ شگوفہ جنوری ۸۶ء)

اکیسویں صدی پر بات کرتے کرتے یوسف ناظم کے ذہن پر بھوپال گیس اور اس کے بعد مختلف سانحات چھا جاتے ہیں اور ان کے مزاج میں کرب جھلکنے لگتا ہے۔ اسی لئے

تو میں نے کہا تھا کہ یوسف ناظم رونے اور رلانے کے فن سے اچھی طرح واقف ہیں ۔۔۔۔۔ خدا کرے کہ ان کے فن میں ان کے اسلوم میں ان کے انداز تحریر میں اسی طرح سورج اگتے رہیں ۔۔۔۔۔۔۔۔ روشنی اور تمازت سے بھرپور سورج۔۔۔۔۔۔۔۔۔۔!!!

(۷) برق یوسفی: شخص اور شاعر

سادہ دلی، معصومیت، خلوص، محبت اور حوصلہ مندی کے آمیزے کا کوئی نام دیا جا سکتا ہے تو میر اخیال ہے اسے برق یوسفی کہا جائیگا۔۔۔۔۔۔۔ برق یوسفی صرف شاعر ہے ۔۔۔۔۔۔۔ سیدھا اور سچا شاعر ۔۔۔۔۔۔ مقصدیت سے بھرپور تازگی اور ولولے سے معمور۔۔۔۔۔۔۔ برق یوسفی کہتے ہیں کہ انھیں کالی شئے میں بھی خوبصورت نظر آتی ہے۔ لیکن پھر وہ کھرے اور کھوٹے کی پہچان کو قلب و نظر کے اطمینان کا سبب بتاتے ہیں اور جب قلب و نظر کی بات کرتے ہیں تو انہیں احساس ہوتا ہے کہ دل کی خصوصیت اضطراب ہے اور نظر کی خصوصیت ہے بے چین رہنا۔ شاید اس طرح انھوں نے اپنی شاعری کے اندر چھپی ہوئی اضطرابی کیفیت کو ایک نام دینے کی کوشش کی ہے۔۔۔۔۔۔۔ اور اس طرح شاید اس اضطراب کی وضاحت کرنے کی کوشش کی ہے جو ان کی شاعری کی اندرونی تہوں میں موجود ہے اور بے چین ہو کر کہہ اٹھتے ہیں کہ

مرے اندر بڑی آندھی اٹھی ہے (اضطراب ۹۵)

سچ پوچھئے تو شاعری خود ایک اضطرابی کیفیت ہے۔۔۔۔۔ ایک مسلسل تلاش ۔۔۔۔۔۔ اور یہی تلاش برق یوسفی کو شاعری کے در پر لے آئی ہے۔۔۔۔۔ اور وہ ایک لامتناہی سلسلے کی کڑیاں توڑنے اور جوڑنے کا عمل دہراتے ہوئے جدت کی طرف پرواز کرتے ہیں۔۔۔۔۔۔ روایت سے بغاوت کرنے کی شعوری کوشش انہیں ترقی پسندی کی طرف لے آتی ہے۔ اس طرح ان کی زندگی اور شاعری کا مطمع نظر رہ جاتا ہے کہ سماج

میں استحصال کرنے والی کالی قوتوں کو برباد کر دیا جائے۔ ترقی پسندی سے برق کا اس لئے ربط بڑھا کہ انہیں مخدوم کی رفاقت نصیب ہوئی۔ ابتداء میں برق یوسفی نے ترقی پسندی کو صرف اس لئے گلے لگایا کہ یہ اس عہد کا فیشن تھا۔ لیکن روایت سے بغاوت کرنے کی خواہش نے برق یوسفی کو ترقی پسندی کے معنی سمجھا دیئے۔ اور پھر حالات نے بھی انہیں ایک ایسا ماحول دیا جہاں ترقی پسندی صرف سرخ پرچم کو سلام کرنا ہی نہیں تھا بلکہ اپنے مقصد کے حصول کے لئے سامراجی قوتوں سے ٹکرا جانے کا حوصلہ بھی ان کے خیال میں اسی آئیڈیالوجی سے ممکن تھا۔ اور برق یوسفی کامریڈ ہو گئے ------ باضابطہ طور پر مزدوروں کا نیتا۔ لیکن ان کے اندر چھپا ہوا شاعر اس پر آشوب دور میں بھی گنگناتا رہا------ نظمیں ------ غزلیں ------ لیکن برق یوسفی نے کبھی سمجھوتہ نہیں کیا۔ انھوں نے کبھی اپنے ذاتی مقصد کے حصول کے لئے اصولوں کی قربانی نہیں دی۔ اور اگر برق یوسفی نے یہ کیا ہوتا تو شاید وہ ایک کامیاب انسان رہے ہوتے ------ مگر برق نے وفا کا سودا نہیں کیا------ اور بس یہی کہتے رہے۔

اے خریدار وفا، تو نے کبھی سوچا ہے
جسم بکتا ہے محبت تو نہیں بک سکتی
عشق کی روح لطافت تو نہیں بک سکتی

برق کی زندگی غم سے عبارت ہے۔ حالات کا غم، سماج کا غم، محبت میں ناکامی کا غم، یہ نظم دیکھئے------ اس نظم میں برق کی داستان معاشقہ کا کیسا خوبصورت اظہار ہے ------ صرف چند لفظ اور ان چند لفظوں نے ایک زمانے کو سمیٹ لیا ہے------ یہ نظم ہے "درپن" ملاحظہ کیجئے

"درپن"

وہ دروازہ کھلا تھا
اس کے آگے ایک آنگن تھا
شجر شہتوت کا تھا
موتیا کی بیل ہنستی تھی
اسی آنگن کے آگے
ایک کمرہ خوبصورت تھا
جہاں پر ایک الماری تھی
اس میں ایک درپن تھا
اسی درپن میں ہم تم مسکرا کر دیکھ لیتے تھے
کبھی ایک دوسرے کو منھ چڑا کر دیکھ لیتے تھے
کہا تھا میں نے آئینے کے آگے آدمی پاگل
کہا تھا تم نے آئینہ ہے میرے روپ سے بسمل
وہی کمرہ ہے میں ہوں اور درپن مجھ پہ ہنستا ہے
مرا ہی عکس مجھ سے پوچھتا ہے کون بسمل ہے
بتاؤ حسن دانشمند ہے یا عشق پاگل ہے
مرے لب کانپ جاتے ہیں مرا دل بیٹھ جاتا ہے
وہ دروازہ کھلا ہے
اس کے آگے ایک آنگن ہے
شجر شہتوت کا ہے، موتیا کی بیل ہنستی ہے

نظم کی ابتدائی حصے میں ماضی اور آخری حصے میں حال کی تصویر کشی ہے منظر وہی

ہے........ ماحول سارا جوں کا توں ہے۔ مگر صرف ایک چیز درمیان حائل ہو گئی ہے اور وہ ہے بے وفائی، اور حسن کی بنیاد دانشمندی پر ہے۔ جہاں فیصلہ بہت سوچ کر کیا جاتا ہے عشق کی بنیاد پاگل پن پر ہے۔ جہاں فیصلہ کرتے ہوئے یہ نہیں سوچا جاتا کہ اس کا انجام کیا ہو گا۔

حادثے برق یوسفی کے ساتھی رہے ہیں۔ اور ہر حادثے کو برق یوسفی نے بڑی معصومیت سے برداشت کیا ہے۔ ان کی سادہ دلی نے انہیں بھلے ہی ریشم و کمخواب سے محروم کر رکھا ہو لیکن یہی سادہ دلی ان کا سرمایہ حیات ہے۔ برق کے ہاں صرف محبت ہے ...... وہ نفرت کرنا نہیں جانتے اور ان کے ہاں دشمنی کا کوئی تصور نہیں۔ در حقیقت برق یوسفی ایک بے حد معصوم شخصیت کا نام ہے۔ اور یہی کیفیت برق کی شاعری کا طرۂ امتیاز ہے........ ایک بہت مختصر نظم درج ہے جو شاید برقی کی شخصیت پوری طرح عکاسی کرتی ہے۔

ماں باپ سے لے کر بھائی تک
معشوق سے لے کر بیوی تک
ہر اک پہ بھروسہ ہم نے کیا
معلوم ہوا اس دنیا میں
بے لوث محبت مہنگی ہے
بے نام شرافت مہنگی ہے
رشتوں کا سمجھنا مشکل ہے
جذبوں کا سمجھنا مشکل ہے

لے ڈوبا ہے ہم کو بھولا پن
جل بجھ ہی گیا اپنا تن من

اور اس نظم کا عنوان ہے "تجربے کی چوٹ" ------برق تجربے کی چوٹ کھاتے ہیں اور بڑی معصومیت سے اس چوٹ کو سہلاتے ہوئے دوسری چوٹ کے لئے تیار ہو جاتے ہیں------ مگر دلچسپ بات یہ ہے کہ انھیں جینے کا فن بھی آتا ہے۔ وہ تنہائی کے غم سے نبرد آزما نہیں ہوتے بلکہ چپکے سے سرگوشی کرتے ہیں۔

اکیلے پن کو کوئی خواب دے دوں
شب دیجور کو مہتاب دے دوں

برق کی شاعری میں تشبیہات اور استعارات کی بہتات نہیں۔ انھوں نے اپنی شاعری کو صناعی اور کرافٹ مین شپ یا کاریگری سے نہیں سجایا۔ انھوں نے زبان و بیان اور عروض کی نزاکتوں کو خواہ مخواہ اپنے گلے کا ہار نہیں بنایا۔ برق کی شاعری میں جو سادگی ہے وہی ان کا طرۂ امتیاز بن جاتی ہے۔ چاہے وہ ایک مزدور کے لبوں ہر مچلتا ہوا نغمہ ہو، یا رومانی ماحول میں بہتے ہوئے سبک خرام جھرنے کی طرح ہلکا پھلکا اظہار ------سادگی اور معصومیت اس کا اہم پہلو ہیں۔ یہی سادگی اور معصومیت برق کی شخصیت کا حصہ بھی ہے اور ان کے فن اور ان کی شاعری کا جزو بھی------- زندگی کی تمام تر کلفتوں کے باوجود برق کے ہاں مایوسی نہیں بلکہ زندگی کی امنگ ہے۔ باتیں بہت کی جاسکتی ہیں۔ ایک ایک نظم، ایک ایک غزل بلکہ ایک ایک شعر پر دفتر کے دفتر سیاہ کئے جاسکتے ہیں۔ لیکن پھر بھی شاید ایک سچے شاعر کا حق ادا نہ کیا جاسکے۔ میں آخر میں صرف دو سطریں اپنی آپا، اپنی زینت آپا، ہم سب کی زینت آپا کی تحریر سے پیش کرنا چاہوں گا جو انھوں نے برق کے بارے میں لکھا ہے وہ لکھتی ہیں------

"برق کو مشکلات کا بھی اندازہ ہے اور غموں کا احساس بھی، مگر وہ ان سے مغلوب نہیں ایک نئی سحر کا آرزومند ہے۔ اس لئے تھکن، تنہائی، غم کی فراوانی، ناکامی و نامرادی کے باوجود اس کی نظموں میں ایک بہترین زندگی اور شریفانہ انسان دوستی موجود ہے اور اچھے مستقبل کی امید بھی۔"

(۸) فیض الحسن خیال: ایک درد مند شاعر

فیض الحسن خیال حیدر آباد کے ان شعرا میں ہیں جو زائد از چالیس برس سے تقریباً ہر محفل شعر کی رونق رہے ہیں۔ روایت اور ترقی پسندی کے امتزاج کے ساتھ ساتھ اپنے مخصوص ترنم کے ذریعہ فیض الحسن خیال نے نہ صرف حیدر آباد بلکہ بیرون حیدر آباد بھی اپنی مقبولیت کے سکے جمائے۔ ان کے اب تک چار مجموعے منظر عام پر آ چکے ہیں۔ پہلا مجموعہ 'موجِ صبا' ۱۹۶۵ میں شائع ہوا۔ اور پھر دوسرا مجموعہ 'صبح کا سورج' ۱۹۷۲ میں زیور طبع سے آراستہ ہوا۔ اس کے بعد ۱۹۷۹ میں ان کا تیسرا مجموعہ 'کانچ کا شہر' منصۂ شہود پر آیا۔ پھر ان کا چوتھا مجموعہ 'قندِ ہند' ۱۹۹۵ میں اشاعت پذیر ہوا۔

فیض الحسن خیال کا چوتھا مجموعہ اس اعتبار سے ندرت کا حامل ہے کہ اس میں فیض الحسن خیال کے اردو منتخب کلام کے ساتھ انگریزی، ہندی اور تلگو میں ترجمہ بھی شامل ہے جو بالترتیب پروفیسر پی وی شاستری، عزیز بھارتی اور خواجہ معین الدین نے کیا۔ کسی شعری مجموعے کو چار زبانوں میں ایک ہی جلد میں ایک ساتھ شائع کرنے کی یہ پہلی مثال ہے۔ اور اب ان کا چوتھا مجموعہ '' کے عنوان سے شائع ہو رہا ہے۔

فیض الحسن خیال سیدھے سادے انداز میں اپنی بات کہنے کے قائل ہیں۔ ان کے ہاں ناقابل فہم استعارے اور لاینحل قسم کی تراکیب نہیں ملتیں۔ وہ عوامی مزاج کے شناسا ہیں اور یہ جانتے ہیں کہ مشکل زبان اور تراکیب سے عوامی ترسیل کامیاب نہیں ہو سکتی۔ ان کا یہ شعر دیکھئے

اسی کا ذکر گلشن میں نہیں ہے
لہو جس نے بہاروں کو دیا ہے

آزادی کے بعد وہی متوالے سرے سے بھلا دیئے گئے جنھوں نے وطن کی خاطر اپنا لہو بہایا۔ یہ ان ہی آزادی کے جنون سے سرشار جیالوں کا فیض ہے کہ ہندوستان نے آزادی کی فضا میں سانس لی۔ لیکن جب آزادی ملی تو کیا ہوا، یہ سب جانتے ہیں۔ فیض الحسن خیال نے اسی حقیقت کو شعر کا پیراہن دے کر عوامی احساس کو بیدار کرنے کی کوشش کی ہے۔ اسی خیال کو ایک اور غزل میں انھوں نے اس طرح پیش کیا ہے۔

جنھوں نے امن و آزادی کے میخانے سجائے ہیں
انہی کو عصرِ نو نے زہر کے ساغر پلائے ہیں

لیکن فیض الحسن خیال کو اس بات کا یقین ہے کہ وقت سب سے بڑا مصنف ہے اور جس شقاوت کا مظاہرہ برادرانِ وطن نے کیا ہے انھیں اس کی سزا ضرور ملے گی۔ وہ کہتے ہیں

بدل دیا ہے جو تو نے نظام میخانہ
زمانہ تجھ کو ضرور ایک دن سزا دے گا

فسادات کے زہر نے انسانیت کو داغ دار کر دیا۔ کوئی شہر ایسا نہیں بچا جہاں فسادات کے عفریت نے تباہی نہ پھیلائی ہو۔ دیکھیے فیض الحسن خیال کیا کہتے ہیں

کس طرح آندھی چلی بجلی گری گھر جل گیا
کیا کروگے سن کے تم یہ غم بھرا افسانہ ہے

لطف یہ ہے کہ جو ہنگاموں کے واقعی ذمہ دار ہیں وہ تو سنگھاسنوں پر براجمان ہیں اور بجائے اس کے کہ مظلوموں کو انصاف ملتا الٹے ان ہی کو مجرم قرار دیا جاتا رہا۔ یہ شعر

دیکھیے

جرم کس کا ہے یہاں اور سزا کس کو ملی
فیصلے میں یہ عبارت نہیں دیکھی جاتی

فیض الحسن خیال ایک درد مند شاعر ہیں۔ انھوں نے جو کچھ محسوس کیا اسے لفظوں میں ڈھال دیا۔ یہ دیکھنا ضروری نہیں ہے کہ شاعر نے کیسے کہا۔ لیکن یہ ضرور دیکھنا چاہیے کہ وہ کیا کہہ رہا ہے۔ اس کا مطمح نظر کیا ہے، اس کے خوابوں کی بنیاد کیا ہے اور یہ خواب کس طرح شکست و ریخت کے مراحل سے دوچار ہیں۔ یہ سوچنا شاعر کا کام نہیں ہے کہ مسائل کا حل کیا ہے۔ کیوں کہ مسائل کو حل کرنے کے لیے ہر شخص کے پاس اس کا اپنا نظریہ ہے۔ شاعر تو صرف نشاندہی کرتا ہے۔ فیض الحسن خیال نے یہ کام بڑی خوبصورتی سے سرانجام دیا ہے۔

یہ تو سبھی جانتے ہیں کہ آج کے دور میں شعری مجموعوں کی پذیرائی کم ہی ہوتی ہے۔ جب قاری ہی کم سے کم ہوتے جائیں تو شاعر کی آواز دیمک زدہ صفحات میں قید ہو کر رہ جاتی ہے۔ پھر بھی کچھ لوگ ایسے ہیں جو اپنے اظہار کو مصلحتوں کے غلاف میں چھپا کر زندگی کے حقائق سے آنکھیں نہیں چراتے بلکہ حسب المقدور آواز بلند کرتے رہتے ہیں۔ فیض الحسن خیال ایسے ہی ایک فن کار ہیں۔

خدا کرے کہ ان کا یہ مجموعہ مقبول ہو۔

(۹) امام الدین فدا اور ان کی شاعری

شاعر اپنے عہد کا مؤرخ بھی ہے اور نقاد بھی۔ زمانے کے انقلاب کا پرتو شاعری ہر پڑنا ایک لازمی امر ہے کیونکہ ہر وہ چیز جو ذہن میں ارتعاش پیدا کرے فن کے پیکر میں ڈھل جاتی ہے۔ جناب امام الدین فدا کا بھی یہی معاملہ ہے۔ فدا صاحب کی زندگی مسلسل ہنگاموں سے عبارت ہے۔ انہوں نے ۷۰ گرم وسرد موسم جھیلے ہیں اور ان کی نگاہوں نے نہ صرف حیدر آباد کی سیاست کے بدلتے ہوئے روز شب دیکھے ہیں بلکہ سطح پر بھی رونما ہونے والے تغیرات سے وہ آشنا رہے ہیں۔

امام الدین فدا کے والد نظم جمعیت کے جمعدار تھے اور نانا تحصیل دار۔ اس لئے ان کا بچپن کافی آسائش میں گزرا۔ ان کی ابتدائی تعلیم ورنگل میں ہوئی اور پھر حیدر آباد منتقل ہو گئے اور جامعہ عثمانیہ میں تعلیم حاصل کی۔ جس دور میں امام الدین فدا کی ذہنی نشو و نما ہوئی وہ ۱۹۳۰ء سے لے کر ۱۹۴۵ء تک دور رہے۔ وہ دور ہے جب دوسری جنگ عظیم کے بھیانک اثرات ساری دنیا کو اپنی لپیٹ میں لئے ہوئے تھے۔ اور ادھر ہندوستان میں سیاسی طور پر پختگی پیدا ہو چکی تھی، سیاسی جماعتیں طاقتور ہو رہی تھیں۔ مختلف تحریکیں اپنے عروج پر تھیں۔ لیکن حیدر آباد پر چونکہ شخصی حکومت تھی اس لئے یہاں ہندوستان بھر میں موجود سیاسی بیداری کے اثرات پوری طرح پہنچ نہیں پائے۔ پھر بھی عثمانیہ یونیوسٹی کے فارغ التحصیل طلبا کی وجہ سے عوام میں بھی سوچنے کے ڈھنگ میں تبدیلی ہو رہی تھی۔ کیونکہ یہ نوجوان نی صرف ہندوستان بلکہ دنیا بھر میں ہونے والی تبدیلیوں سے

بڑی حد تک آگاہ تھے۔۔۔۔۔۔ اور انھیں اس بات کا احساس تھا کہ بنیادی ضروریات کے اعتبار سے ریاست حیدر آباد کس قدر پس ماندہ ہے۔ یہی وجہ ہے کہ ۱۹۳۰ء سے ۱۹۴۵ء تک تعلیم حاصل کرنے والا نوجوان ایک عجیب قسم کے تذبذب میں مبتلا تھا۔ اسے یہ سمجھ میں نہ آتا تھا کہ وہ پورے کے دائرے میں رہ کر مسائل پر غور کرے یا پھر اپنے آپ کو صرف حیدر آباد تک محدود کر لے۔ امام الدین فدا بھی شاید اسی طرح کے ایک نوجوان تھے۔ انھوں نے مسائل کو عوام تک پہنچانے کا ارادہ کیا اور سن ۱۹۴۶ء میں ماہنامہ "مضراب" جاری کیا۔ اسی سال انھوں نے بزم اقبال سجائی جس کے پہلے صدر نواب حسن یار جنگ تھے۔ وہ انجمن صحافت ریاست حیدر آباد سے بھی وابستہ رہے۔ اور ساتھ ہی حضرت علی اختر، مولانا ماہر القادری، عبد القیوم خان باقی، علامہ نجم آفندی اور شاہد صدیقی جیسے شعراء کے ساتھ بزم آرائیاں بھی ہوتی رہیں۔ ماہر القادری سے فدا صاحب بہت قریب تھے چنانچہ "مضراب" کے لئے مولانا ماہر القادری نے یہ شعر عطا کیا تھا۔

لمس مضراب فقط خالق نغمہ ہی نہیں
لرزش تار سے ہوتا ہے شرر بھی پیدا

پھر فدا صاحب نے سقوط حیدر آباد کا عبرت ناک منظر دیکھا اور اس کے نتیجے میں پیدا ہونے والی سیاسی، سماجی، تہذیبی اور علمی افراتفری کے عینی شاہد بنے۔ ان حالات نے فدا صاحب کی شاعری میں ایک نشتریت پیدا کر دی۔ لیکن اس تلخی اور تندی میں ایک ٹھہراؤ تھا۔۔۔۔۔ ایک بالغ نظری تھی۔۔۔۔۔ روایت اور ترقی پسندانہ فکر دور کے اہم رجحانات تھے۔ فدا صاحب کی شاعری کی جڑیں روایت میں پیوست رہیں۔ وہ نئے زمانے کے تقاضوں کو محسوس کر رہے تھے۔ لیکن کبھی اپنے اشہب قلم کو بے قابو ہونے نہ دیا۔ ۱۹۷۵ء میں مرکزی اردو محاذ کی بنا ڈالی گئی۔ فدا صاحب اس کے پہلے نائب صدر رہے۔

حیدر آباد کی علمی سرگرمیوں میں اس محاذ نے خاطر خواہ اپنا کردار ادا کیا۔ مشاعرے، انجمنیں، صحافت ان تمام میں فدا صاحب یکساں طور پر حسب مقدور شریک تھے۔ اس کے باوجود ان میں قدرے کم آمیزی رہی۔ وہ گروہی سیاست سے دور رہنا چاہتے تھے جبکہ حیدر آباد کے ادبی حلقے گروہی سیاست کا شکار تھے۔ اسی لئے انھوں نے اپنے آپ کو کچھ حد تک سیاست سے الگ رکھا۔

فدا صاحب سے میری ملاقات مرکزی ادبی محاذ کے قیام کے ضمن میں ہوئی تھی۔ مجھے اس بات کا اعزاز حاصل ہے کہ میں بھی اس انجمن کا تاسیسی رکن تھا۔ اس زمانے میں وہ وقف بورڈ سے وابستہ ہوگئے تھے۔ اردو محاذ کی کسی نشست کے بعد انھوں نے اس خیال کا اظہار کیا تھا کہ مجموعہ کلام کو مرتب کر کے شائع کرنا چاہیئے۔۔۔۔۔۔ اس سلسلے میں انھوں نے مجھ سے بھی تعاون کی خواہش کی تھی۔ لیکن حالات نے انھیں اس بات کی اجازت نہ دی کہ وہ اپنا مجموعہ شائع کرتے۔ ایک عرصے بعد جب زندگی کی شام کے سائے طویل ہوئے تو انھوں نے پھر سے مجموعہ کی اشاعت کے بارے میں سوچا۔۔۔۔۔ مولوی مظفر علی صاحب نے کتابت و طباعت کی ذمہ داری اپنے سر لی۔۔۔۔۔۔ اور یوں "مضراب" کی صورت گری ممکن ہو سکی۔ "مضراب" وہ شئے ہے جس سے تار چھیڑے جاتے ہیں۔ اسی بات کو ذہن میں رکھ کر فدا صاحب نے اپنے ماہنامے کا نام "مضراب" رکھا تھا۔ اور اس بات کی کوشش کی تھی کہ ادب، تہذیب اور سیاست کے تار چھیڑ کر زندگی کو نئے اور حسین نغموں سے آشنا کریں۔ امتداد زمانہ نے اس مضراب کو تو ختم کر دیا لیکن فدا صاحب کی روح میں پوشیدہ مضراب نے وقتاً فوقتاً زندگی کے تاروں میں جو ارتعاش پیدا کیا وہی ان کی شاعری کا محور بنا۔

"مضراب" سے فدا صاحب کو بے حد محبت تھی اسی کی بنا پر انھوں نے اپنے مجموعہ

کلام کا نام بھی " مضرات " رکھا۔ فدا صاحب نے زندگی کے مختلف پہلوؤں کو اپنی شاعری میں جگہ دی ہے۔ ان کے ہاں زندگی کا کرب بولتا ہوا نظر آتا ہے۔ لیکن چونکہ شاعری کی نغمگی اور روایت کی اعلیٰ قدروں سے ان کی گہری وابستگی تھی اس لئے ان کے فن میں وہ کھردرا پن پیدا نہ ہو سکا جو بعد میں آنے والے فنکاروں کے کلام جزو بنا۔ وہ نئے عہد، نئے مزاج کو محسوس کر رہے تھے۔ کہتے ہیں۔

خدا نئے ہیں، خدائی نئی، نئے جلوے
نئے حرم، نئے ایماں، نئے صنم خانے

اور اس "نئے پن" کے نتیجے میں جو صورت حال پیدا ہوئی، اس کے بارے میں یوں اظہار خیال فرماتے ہیں۔

نہ مستیاں ہیں نہ کیف و سرور ہے ساقی
بھری بہار میں رسوا ہوئے ہیں میخانے

اور اسی غزل میں ایک شعر یہ بھی ہے۔

سفر دراز ہے، زخموں سے چور چور حیات
غموں کی چھاؤں میں بیٹھے ہوئے ہیں ستانے

جمہوری نظام کا ایک تحفہ یہ بھی ہے کہ ہر شخص رہنما بننے کی سوچتا ہے۔ اور اس طرح گلی گلی میں قائدین کی ایک فوج تیار ہو جاتی ہے۔ اس صورت حال پر طنز کرتے ہوئے فدا صاحب کہتے ہیں۔

ہر گلی میں ہیں قیادت کے ابلتے چشمے
جس طرف دیکھئے جئے کا رہے کیا عرض کروں

خزاں بہار کا روپ دھارے چمن کو برباد کرنے کے درپے ہو جائے اور اس طرح عظمت وطن خطرے میں پڑ جائے تو دل شاعر کانپ اٹھتا ہے۔ فدا صاحب کہتے ہیں۔

چمن کی خیر نشیمن کی خیر ہو یارب
بہار شعلہ بداماں ہیں کیا کیا جائے

"کیا کیا جائے" کے پیچھے جو تڑپ ہے اسے صرف محسوس کیا جا سکتا ہے۔ لفظوں میں بیان نہیں کیا جا سکتا۔ بھوک انسانی فکر کا محور آج سے نہیں بلکہ ابتدائے آفرینش سے ہے، بھوک علامت کے جدوجہد حیات کی۔ فدا صاحب نے بھوک کے عنوان پر ایک نظم تحریر کی ہے یہ نظم ماہنامہ سویرا کے "بھوک نمبر" میں بھی شامل ہے اس نظم کے دو شعر ملاحظہ ہوں۔

بھوک فطرت کی امانت، بھوک راز کائنات
بھوک آدم کی شریعت، بھوک انعام حیات

بھوک خوابوں کا اجالا، بھوک دنیا کا سہاگ
بھوک آزادی کا نغمہ، بھوک طوفان بھوک آگ

اس طرح فدا صاحب نے ذہن انسانی میں بھوک کی عظمت کے چراغ روشن کر دیئے ہیں۔ افلاطون نے اپنی خیالی ریاست سے شاعروں کو نکال باہر کیا تھا۔ کیونکہ اس کا خیال تھا کہ شاعر احساسات کو برانگیختہ کرتا ہے اور سماج میں ابتری کا سبب بنتا ہے۔ اسی لئے افلاطون کی ریاست میں ہر طرح کے فنکاروں کی گنجائش تھی، صرف شاعر کو خارج کر دیا گیا تھا۔ لیکن ارسطو نے اپنے استاد کے خیال سے اتفاق نہیں کیا اور شاعری کو ایک الوہی جذبہ بتایا جو انسانی فکر کی تطہیر Catharsis اور سماج میں ابتری کا سبب بنتا ہے)

کرتا ہے۔ فدا صاحب "شاعر" نظم کے عنوان سے کہی گئی نظم میں شاعر کے بارے میں کہتے ہیں۔

پیکر اخلاص، عرفان وفا کا تاجدار
آشنائے لذتِ غم، درد کا سرمایہ دار
خلد زار آدمیت، جس کے ہیں سینے میں داغ
سوز ناطن سے جلا جاتا ہے محبت کے چراغ

۱۹۵۶ء میں جڑ چرلہ کے قریب ایک ندی میں سیلاب آیا جس کے نتیجے میں ریل کا ایک بھیانک حادثہ وقوع پذیر ہوا۔ اس حادثے میں سینکڑوں جانیں تلف ہوئیں ------ اس حادثے کی اطلاع جب حیدر آباد پہنچی تو ایک کہرام برپا ہو گیا۔ دل شاعر اس حادثے سے متاثر ہو کر یوں چلا اٹھتا ہے---

بیکسی، بے چارگی، چیخیں، کراہیں، اضطراب
آگیا چشم تصور میں قیامت کا سماں
کتنی آنکھوں کا اجالا، کتنی امیدوں کا نور
چھین کر تو لے گئی ہے آہ مرگ ناگہاں
دام صیاد اجل نے راستے میں رکھ دیئے
اور نظم ونسق پر طاری ہے ایک خواب گراں

حیدر آباد اپنی مخصوص تہذیبی قدروں کے لئے شہرت رکھتا ہے۔ لیکن نئی ہوا نے اس تہذیب کے پرخچے اڑا دیئے تھے۔ تہذیبی اقدار کی شکست و ریخت پر برانگیختہ ہو کر فدا صاحب کہہ اٹھتے ہیں۔

تہذیب کے دعویداروں نے بنیاد کے پتھر توڑ دیئے

تعمیر کے نقشے بدلے ہیں، معمار بدلنے والے ہیں
اور یہ مطلع بھی دیکھئے

ہر جنبش نظر ہے خطا کیا بیاں کریں
ہر سانس بن گئی ہے سزا کیا بیاں کریں

زمانہ حال کی تہذیبی گراوٹوں کو دیکھ کر دل شاعر کانپ اٹھتا ہے اسے یاد آتا ہے کہ اس نے زندگی کو امید کے چراغوں سے روشن کر رکھا تھا اور آج کی نسل تو تبسم کے نام سے بھی نا آشنا ہے۔

فدا صاحب کہتے ہیں۔

ہم نے ماضی میں جلائے تھے امیدوں کے چراغ
عصر حاضر میں تبسم کی بھی سوغات نہیں

اس دور کی ایک دین یہ بھی ہے کہ علم و ہنر کے خزانوں پر قزاقوں نے قبضہ کر لیا ہے۔ آج نہ علم سربلند ہے اور نہ عالم۔ اور اگر کوئی عالم سربلندی حاصل کرتا ہے تو اپنے علم کی بدولت نہیں بلکہ اس لئے سربلند ہوتا ہے کہ اس کی سرپرستی ایسے لوگ کرتے ہیں جن کے خمیر میں صرف جہل ہوتا ہے۔

فدا صاحب کہتے ہیں۔

متاع علم و ہنر رہزنوں کے لمس میں ہے
خرد کا جہل سے رشتہ مرے گماں میں نہ تھا

حیات کا سفر کبھی یکساں نہیں ہوتا۔ یہ سفر کبھی روشن وادیوں کی سیر کراتا ہے اور کبھی ظلمتوں کے نہاں خانوں سے ہمکنار کرتا ہے۔ اسی نشیب و فراز کا نام زندگی ہے جس

سے فراز ممکن نہیں۔ حیدر آباد کی خواب ناک فضاؤں سے نکل کر فدا صاحب نے عروس البحر جدہ میں اپنا آشیانہ بنایا۔ جہاں زاغ و زغن بھی شاہین و ہما کے ہم سر نظر آتے ہیں۔ فدا صاحب اس کرب کو جھیل رہے ہیں۔ اور یہ کرب جب لفظوں میں ڈھلتا ہے تو یہ رباعی تخلیق ہوتی ہے۔

غم ناک فضاؤں میں جی رہا ہوں لوگو
ماحول کا زہر پی رہا ہوں لوگو

صد شکر جہالت کے اندھیروں میں فدا
پیراہن حیات سی رہا ہوں لوگو

اور یوں فدا صاحب جہالت کے اندھیروں میں زندہ رہنے اور آگہی کے چراغوں کو جلا کر ان کی روشنی میں حیات کے بوسیدہ ہوتے ہوئے پیراہن سینے کا فریضہ انجام دے رہے ہیں۔ خدا کرے کہ یہ عمل ہمیشہ جاری رہے۔۔۔۔۔۔"مضراب" زندگی کے تار کو چھیڑتا رہے۔۔۔۔۔۔۔ نغمے ابلتے رہیں، تلخ و تند نغمے، ملائم و شیریں نغمے، حیات آفریں نغمے، خیال آگیں نغمے۔۔۔۔۔۔۔۔۔!!!

(۱۰) مولوی عبدالحق اور ان کے عزیز شاگرد شیخ چاند

محمد تغلق نے دہلی سے دولت آباد پایہ تخت کی منتقلی کا فیصلہ کیا تھا تو شاید اسے یہ اندازہ ہو گیا تھا کہ یہ خطۂ زمین مردم خیز بھی ہے اور علم و ادب کی آبیاری کے لئے موزوں بھی۔۔۔۔ اس عہد سے لے کر آج تک اور رنگ آباد اردو کا گہوارہ رہا ہے اور یہاں کی خاک سے ایسی ایسی نامی گرامی ہستیاں اٹھیں جن پر اردو زبان کو ناز ہے۔ ایسی ہی ایک شخصیت مولوی شیخ چاند کی ہے۔ اورنگ آباد کے قریب ایک قصبہ ہے جس کا نام پٹن۔ یہیں کے ایک کاشتکار گھرانے میں شیخ چاند ۱۵ اپریل ۱۹۰۵ء کو پیدا ہوئے۔ چونکہ پٹن میں صرف مڈل تک تعلیم کا انتظام تھا۔ اس لئے مڈل کے بعد شیخ چاند مزید تعلیم کے لئے اورنگ آباد آگئے اور ۱۹۲۳ء میں انہوں نے میٹرک کامیاب کیا۔ اورنگ آباد میں بھی صرف میٹرک تک ہی سہولت تھی۔ چنانچہ حصول علم کی خواہش انہیں کشاں کشاں حیدر آباد لے آئی جہاں انہوں نے انٹرمیڈیٹ میں داخلہ لیا۔

یہ وہ زمانہ ہے جب حکومت آصفیہ تعلیم کو عام کرنے کے لئے نئے نئے کالج قائم کر رہی تھی۔ اورنگ آباد میں اسی سال انٹرمیڈیٹ کا کالج قائم کیا گیا تھا۔ شیخ چاند کو اس کا علم ہوا تو وہ حیدر آباد سے پھر اورنگ آباد منتقل ہو گئے اور ۱۹۲۵ء میں ایف اے (انٹرمیڈیٹ) کامیاب کیا۔ لیکن بہر حال انہیں حیدر آباد آنا ہی تھا کیوں کہ اس کے آگے تعلیم کی سہولت صرف حیدر آباد میں تھی۔ ۱۹۲۸ء میں شیخ چاند نے عثمانیہ یونیورسٹی

سے بی اے کرنے کے بعد ۱۹۳۰ء میں اردو سے ایم اے کیا۔ دیہی معاشرے میں سب سے اہم تعلیم وکالت کی مانی جاتی تھی اور وکیل کو بڑی عزت کی نگاہ سے دیکھا جاتا تھا۔ شیخ چاند نے سوچا کہ وہ ایل ایل بی کا امتحان پاس کرلیں۔ ۱۹۳۲ء میں انہوں نے پریویس کامیاب کیا اور پھر مجلس تحقیقات علمیہ سے وابستہ ہوئے جہاں مولوی عبدالحق اردو تحقیق کے نئے باب واکرنے میں ہمہ تن مصروف تھے۔

مولوی عبدالحق سے شیخ چاند کی ملاقات بہت پہلے ہو چکی تھی۔ اورنگ آباد میں انٹرمیڈیٹ کرنے کے دوران وہ مولوی صاحب سے قریب آ چکے تھے۔ حیدرآباد آئے تو مولوی صاحب سے اور بھی قربت بڑھی۔ چنانچہ رسالہ اردو میں شیخ چاند کے مضامین اور تبصرے شائع ہونے لگے۔ ان تبصروں نے ساری اردو دنیا کو اپنی طرف متوجہ کرلیا۔ اگرچہ ان کا انداز قدرے جارحانہ تھا لیکن خود مولوی صاحب ذاتی طور پر اس انداز تحریر کو پسند کرتے تھے اور اس بات کا امکان ہے کہ یہ انداز تحریر مولوی صاحب کی ایماء پر ہی اپنایا گیا تھا۔ مگر سخت تنقیدی طرز نگارش کے باوجود شیخ چاند کی نکتہ سنجی اور تحقیقی بصیرت کی وجہ سے ان کی تحریروں میں علمی وقار موجود تھا اور شیخ چاند کی عمیق نگاہی کی وجہ سے ہی مولوی صاحب انہیں بے حد عزیز رکھتے تھے۔

"مجلس تحقیقات علمیہ" عثمانیہ یونیورسٹی کا ہی ایک ادارہ تھا جس کا مقصد یہ تھا کہ موزوں اور لائق طلباء سے تحقیقی کام کروایا جائے، طلباء کو ایم اے کے بعد یہاں تحقیقی کام پر معمور کیا جاتا تھا اور انہیں وظائف دیئے جاتے تھے۔ اس زمانے میں عثمانیہ یونیورسٹی میں اردو میں پی ایچ ڈی کی ڈگری نہیں دی جاتی تھی۔۔۔۔ لیکن مجلس علمیہ کے تحت تحقیقی کام کرنے کا طریقہ کار وہی تھا جو پی ایچ ڈی کا ہو سکتا ہے۔ یہاں تک کہ کام کے محاسبہ کے لئے پی ایچ ڈی کی طرح ممتحن سے رائے طلب کی جاتی تھی۔ مولوی صاحب شیخ

چاند کی صلاحیتوں سے واقف تھے اسی لئے انہیں وہاں وظیفہ دے کر تحقیقی کام پر مامور کیا۔ یہیں شیخ چاند نے اپنا اہم مقالہ "سودا" لکھا جو ان کی موت کے بعد ۱۹۳۷ء میں انجمن ترقی اردو اورنگ آباد سے شائع ہوا۔

"سودا" شیخ چاند کا وہ معرکتہ الآرا تحقیقی مقالہ ہے جس کی وجہ سے ان کی شہرت میں اضافہ ہوا۔ بعض لوگوں کا خیال ہے کہ یہ مقالہ ایم اے کے لئے لکھا گیا تھا جو درست نہیں۔ حقیقت یہ ہے کہ ایم اے کے بعد شیخ چاند نے یہ مقالہ مجلس علمیہ کے تحت مولوی عبدالحق کی نگرانی میں تحریر کیا تھا۔ خود مولوی صاحب کو بھی اس مقالے پر ناز تھا اور اس مقالے کی وجہ سے شیخ چاند پر بھی انہیں ناز تھا۔ لیکن بہت کم لوگ اس بات سے واقف ہیں کہ جب یہ مقالہ لکھا جا رہا تھا اس وقت شیخ چاند سخت بیمار تھے اور جگر کے عارضے میں مبتلا ہونے کی وجہ سے فریش تھے۔ مقالے کے لئے اگرچہ سارا مواد اکٹھا کیا جا چکا تھا لیکن شیخ چاند اپنی صحت کی وجہ سے ترتیب دے کر تحریری صورت دینے سے قاصر تھے۔ مولوی صاحب کی پریشانی یہ تھی کہ حکومت نے وظیفہ دے کر شیخ چاند کو تحقیقی کام کے لئے مقرر کیا تھا۔ دو سال کی مدت گزری تھی اور اگر کام مکمل نہ ہوتا تو اس میں مولوی صاحب کی سبکی تھی۔ اسی لئے وہ شیخ چاند پر سختی کرتے رہے کہ مقالہ جلد از جلد مکمل ہو جائے۔ مجبوراً شیخ چاند کو اپنے ایک دوست غلام محمد طیب سے مدد لینی پڑی۔ اور اپنی شدید علالت کے باوجود شیخ چاند بستر پر لیٹے لیٹے غلام محمد طیب کو مقالہ تحریر کرواتے رہے اور اس طرح دو مہینے میں اس مقالے کی صورت گری ممکن ہو سکی۔ اس مقالے کیلئے مولوی صاحب نے شیخ چاند کا نام اسی وقت سوچ لیا تھا جب وہ ایم اے کے طالب علم تھے۔ شیخ چاند نے مولوی صاحب کی سفارشی رپورٹ سے چند سطریں "سودا" کے دیباچے میں درج کی ہیں۔

"شیخ چاند صاحب کو میں نے (منتخب کرکے) ان کے مقالے کے لئے سودا کا کلام تجویز کیا ہے۔ ایم اے میں جتنے طالب علم ہیں ان سب میں شیخ چاند صاحب اس کام کے لئے نہایت موزوں ہیں۔ سودا کے کلام کے متعلق اب تک کوئی مقالہ یا کتاب تحقیق و تنقید کے اعتبار سے نہیں لکھی گئی۔ یہ کام اگر دو سال میں پورا ہو گیا تو بہت قابل قدر ہو گا۔ شیخ چاند صاحب یہ کام میری نگرانی میں کریں گے۔ اور مجھے یقین ہے کہ وہ بہت جلد اور سلیقے سے انجام دیں گے۔ کیونکہ ادب سے ان کو خاص ذوق ہے اور تنقید کی اور تحقیق کی صلاحیت بھی رکھتے ہیں۔"

مولوی صاحب کی امیدوں کو شیخ چاند نے بھرپور انداز میں پورا کیا۔ اپنی شدید علالت کے باوجود انہوں نے اس مقالے میں داد تحقیق دی۔ اس کے بارے میں اس مقالے کے ممتحن مولوی حبیب الرحمن شیروانی کی رائے درج ذیل ہے۔

"پورے مقالے کے مطالعے کے بعد میری یہ پختہ رائے ہے کہ شیخ چاند صاحب مقالہ نگار نے فراہمی مواد، مطالعہ، بحث ترتیب اور بیان مطالب میں پوری کاوش اور محنت کی ہے۔ اس طرح پوری تیاری کے بعد مقالہ لکھا ہے۔ اظہار رائے میں تحقیق و آزادی دونوں سے کام لیا ہے۔ ان کی رائے صاف ظاہر کرتی ہے کہ ان کا ذوق ادبی عمیق اور سلیم ہے۔ فہرست مطالب شاہد و عادل ہے کہ مقالہ نگار نے اپنے مضمون کے تمام پہلو بحث کے وقت پیش نظر رکھے ہیں۔ مقالے کے مطالعے نے برابر اس خیال کی تائید کی جو ابتدائی فہرست مطالب دیکھنے سے وسعت بحث کی بابت قائم ہوا تھا۔ یہ مقالہ اس قابل ہے کہ جامعہ عثمانیہ کو مبارکباد دی جائے کہ اس کی معارف پروری اور تربیت سے ایسا تحقیق پسند مقالہ نگار پیدا ہوا ہے۔ میں اپنی محدود واقفیت کے بنا پر یہ کہنے کی جرأت کر

سکتا ہوں کہ پی ایچ ڈی کی ڈگری پانے والوں میں بھی کمتر ایسا مقالہ لکھنے پر قادر ہو سکے ہوں گے۔"

مولوی حبیب الرحمن شیر وانی کی اس رائے سے شاید ہی کوئی اختلاف کر سکے۔ لیکن یہ بھی ایک حقیقت ہے کہ اس کا سہرا مولوی عبد الحق کے سر جاتا ہے جنھوں نے ایسے مقالے نگار کی تربیت کی اور اس سے کام لیا۔

شیخ چاند کو یہ اعزاز بھی حاصل ہے کہ وہ پہلے طالب علم ہیں جنھوں نے مولوی عبد الحق کی نگرانی میں تحقیقی مقالہ لکھا۔ اور ساتھ ہی ساتھ یہ اعزاز بھی حاصل ہے کہ وہ جامعہ عثمانیہ کے پہلے اردو ریسرچ اسکالر تھے۔ مقالے کی تکمیل کے چند ماہ بعد ہی مولوی سید سجاد کی جگہ عارضی طور پر پڑھانے کی ذمہ داری سونپی گئی۔ جس کے بارے میں خود مولوی صاحب کا ارشاد ہے کہ یہ اپنے لکچر بڑی محنت اور تحقیق سے تیار کرتے تھے۔ مولوی صاحب کو یہ اندازہ تھا کہ معاشی فراغت تحقیقی کام کے لئے کتنی ضروری ہے۔ اسی لئے وہ شیخ چاند کی ملازمت کے لئے متفکر رہا کرتے تھے۔ نواب ذوالقدر جنگ کے نام ایک خط میں وہ شیخ چاند کی سفارش کرتے ہوئے تحریر فرماتے ہیں۔

"عالی جناب نواب ذوالقدر جنگ بہادر معتمد عدالت و کوتوالی و تعلیمات و امور عامہ سرکار عالی میں جناب کی توجہ اپنے لائق شاگرد اور جامعہ عثمانیہ کے نہایت قابل و تعلیم یافتہ نوجوان شیخ چاند صاحب ایم اے ایل ایل بی سابق ریسرچ اسکالر عثمانیہ کی طرف مبذول کروانا چاہتا ہوں۔

شیخ چاند صاحب اصلی اور ٹھیٹ ملکی اور قصبہ پٹن (ضلع اورنگ آباد) کے قدیم باشندے ہیں، انھوں نے انٹر میڈیٹ تک اورنگ آباد میں تعلیم پائی۔ بی اے، ایم اے

اور ایل ایل بھی کے امتحانات میں جامعہ عثمانیہ سے کامیابی حاصل کی۔ چونکہ ایم اے میں خاص امتیاز کے ساتھ کامیاب ہوئے تھے اس لئے ان کا انتخاب ریسرچ میں ادبی تحقیق کا کام کیا۔ اس دوسال میں انھیں ۴۵ روپیہ ماہانہ سرکاری وظیفہ ملتا رہا۔ ان کا تحقیقی مقالہ "سودا" کی حیات اور کلام پر تھا۔ یہ مقالہ اظہار رائے کے لئے ریسرچ بورڈ کی جانب سے نواب صدر یار جنگ مولانا حبیب الرحمن شیروانی کی خدمت میں بھیجا گیا انہوں نے مطالعہ کے بعد اس کے متعلق اعلیٰ درجہ کی رائے ظاہر کی اور درحقیقت یہ مقالہ ادبی تحقیق کے لحاظ سے خاص حیثیت رکھتا ہے۔ اس میں مؤلف نے سودا کی زندگی اور ان کے کام کے متعلق بعض جدید تحقیقات کی ہیں اور بعض ایسی غلط فہمیوں کا ازالہ کیا ہے جو اب تک اردو ادب کی تاریخ میں ہوتی چلی آرہی تھیں۔

میں باوثوق کہہ سکتا ہوں کہ جامعہ عثمانیہ کے جن طلباء اور پروفیسروں نے السنہ مشرقیہ میں یوروپ سے پی ایچ ڈی کی ڈگری حاصل کیں اگر ان کے مقالوں کا اس سے مقابلہ کیا جائے تو اس مقابلے میں یہ کسی طرح کم نہ پایا جائے گا۔ بلکہ اکثر سے افضل نکلے گا۔ یہ مقالہ یونیورسٹی کی طرف سے زیر طبع ہے۔ اس کے علاوہ انھوں نے دو اور کتابیں بھی تالیف کی ہیں۔ ایک ملک عنبر پر جس میں اس کی حیات اور اس کے ملکی و مالی انتظامات و اصلاحات وغیرہ کے حالات بڑی محنت اور تحقیق سے لکھے ہیں۔ اس پر بعض اہل الرائے نے بڑی اچھی رائیں ظاہر کی ہیں۔ دوسری کتاب مرہٹی کے بہت مشہور شاعر ایک ناتھ پر ہے جو اردو میں بالکل نئی چیز ہے اور یہ متواتر پانچ سال سے میرے ساتھ کام کر رہے ہیں۔ اور انگریزی اردو لغات جو زیر طبع ہے اور اردو زبان کی لغات جو زیر ترتیب ہے ان دونوں کی ترتیب میں انہوں نے بڑے شوق اور محنت سے کام کیا ہے۔ نیز انجمن ترقی اردو کی تالیفات میں مجھے ان سے بہت مدد ملی ہے۔ ان کا تجربہ کسی طرح ایک تجربہ کار

پروفیسر سے کم نہیں۔ رسالہ اردو میں ان کے بعض محققانہ مضامین شائع ہوئے ہیں جو عام طور پر بہت پسند کئے گئے۔ ۱۹۳۰ء کی آل انڈیا اورینٹل کانفرنس میں جس کا انعقاد بڑودہ میں ہوا انہوں نے ایک تحقیقی مقالہ پڑھا جو کانفرنس کی رپورٹ میں شائع کیا گیا۔ طالب علمی کے زمانے سے ان میں ادبی ذوق پایا جاتا ہے۔ چنانچہ جب وہ ایم اے کے طالب علم تھے تو مجلہ عثمانیہ کی ایڈیٹری پر ان کا انتخاب کیا گیا۔ اس زمانے میں وہ منصرمانہ طور پر سید سجاد صاحب کی جگہ کام کر رہے ہیں۔ اور مجھے یہ معلوم کر کے بہت ہی خوشی ہوئی کہ وہ اپنے لکچر بڑی محنت اور تحقیق سے تیار کرتے ہیں۔

ان حالات سے ظاہر ہے کہ شیخ چاند کی حیثیت ایک ناتجربہ کار تعلیم یافتہ کی نہیں بلکہ وہ مسلسل چھ سال سے قابل قدر ادبی اور علمی کام کر رہے ہیں۔ میں انہیں اپنے سے کبھی جدا نہ کرتا لیکن کچھ ماہ بعد ان کی عمر تیس سال ہو جائے گی اور پھر ان کا سرکاری ملازمت میں داخل ہونا دشوار ہو جائیگا۔ اس لئے میری التماس ہے کہ عالی جانب از راہ قدردانی { میرا یہ عریضہ ۔۔۔۔۔۔ } جناب ناظم صاحب تعلیمات میں (جس کے لئے یہ خاص طور پر موزوں ہیں) یا کسی ایسی خدمت پر کریں جس کا مشاہرہ کم سے کم دو سو روپیہ ہو۔ اگرچہ میری رائے میں بلحاظ اپنی قابلیت اس سے زیادہ کے مستحق ہیں۔

(عبدالحق)

اس طویل خط سے یہ محسوس کیا جاسکتا ہے کہ مولوی عبدالحق اپنے لائق شاگرد کے بڑے مداح اور ان کی ملازمت کے لئے متفکر تھے۔ ظاہر ہے اس کے پیچھے ایک ہی جذبہ تھا اور وہ تھا اردو ادب کی خدمت۔ اس لئے وہ یہ نہیں چاہتے تھے کہ شیخ چاند ان سے جدا ہوں لیکن اس کے لئے وہ شیخ چاند کے مستقبل کو برباد ہوتے نہیں دیکھ سکتے تھے۔ کیونکہ عمر کی وجہ سے ان کو سرکاری ملازمت ملنے کے امکانات موہوم ہو سکتے تھے۔ اسی لئے وہ

چاہتے تھے کہ شیخ چاند پہلے معاشی فراغت پالیں تاکہ تن من سے اپنے تصنیفی و تالیفی مشاغل جاری رکھ سکیں۔ مولوی صاحب کا مندرجہ بالا خط خاصا طویل ہے لیکن جس تفصیل سے انھوں نے شیخ چاند اور ان کے علمی اکتسابات کے بارے میں تحریر کیا ہے اس سے مولوی صاحب کے تعلق خاطر کا اندازہ کیا جا سکتا ہے۔ پھر ان کا آخری جملہ کہ "مشاہرہ کم سے کم دوسوروپیہ ہو اگرچہ میری رائے میں وہ بلحاظ اپنی قابلیت کے اس سے زیادہ کے مستحق ہیں۔ اس بات پر دلالت کرتا ہے کہ علمی اعتبار سے مولوی صاحب شیخ چاند کے بے حد قائل تھے۔ انھیں اندازہ تھا کہ اس خاکستر میں کیسی چنگاریاں ہیں اور اگر شیخ چاند کو معاشی فراغت نصیب ہو جائے تو وہ اور بھی بہت کچھ کر سکتے ہیں۔ دراصل شیخ چاند کا مزاج تحقیقی تھا اور مولوی صاحب ان میں کچھ اپنی ہی سی صفات پاتے تھے۔ اس لئے وہ یہ بھی چاہتے تھے کہ شیخ چاند کو ایسی جگی ملازمت مل جائے جس کی وجہ سے وہ مولوی صاحب کے قریب رہ سکیں۔ محکمہ تعلیمات کے ناظم کو سفارشی کلمات لکھنے کے لئے انہوں نے نواب ذوالقدر جنگ سے درخواست کی تھی جو تعلیمات کے علاوہ کئی اور محکموں کی باگ ڈور سنبھالے ہوئے تھے۔ جس سے ان کے اثرورسوخ کا اندازہ ہو سکتا ہے۔ پھر بھی مولوی صاحب کی تشفی نہیں ہوئی۔ چند روز کے وقفہ سے انھوں نے پھر ایک خط ناظم تعلیمات خان فضل محمد کے نام لکھا۔ وہ تحریر فرماتے ہیں۔

جناب مخدوم بندہ تسلیم۔

تیر کے مہینے میں آپ کے سررشتہ میں بہت کچھ ردوبدل ہو گا۔ اس میں شیخ چاند کا ضرور خیال رکھئے گا۔ اگر کوئی صورت نکل آئے کہ ان کا تقرر بلدیہ حیدر آباد یا اورنگ آباد میں ہو سکے تو میں نہایت ممنون ہوں گا۔ کیونکہ ایسی حالت میں وہ میرا بھی تھوڑا بہت کام کرتے رہیں گے اور مجھے اپنے کام میں سہولت ہو جائے گی۔

نیاز مند

عبدالحق

۱۳۰پریل ۳۶ء

اور اس طرح شیخ چاند اورنگ آباد کے انٹر میڈیٹ کالج میں مستقل طور پر ملازم ہو گئے۔ تیر یعنی مئی کے مہینے میں گرمی کی چھٹیاں ہوا کرتی تھیں۔ جون میں جب کالج کھلا تو شیخ چاند وہاں رجوع ہو گئے۔ لیکن قدرت کا کچھ اور ہی منظور تھا صرف چھ ماہ بعد چار جنوری ۳۷ء کو ۳۲ برس کی عمر میں جالنہ کے ایک مشن ہسپتال میں ان کا انتقال ہو گیا اس طرح دنیا ایک بالغ نظر محقق سے محروم ہو گئی۔

مولوی صاحب سے شیخ چاند کی قربت کی وجہ ان ک شوق مطالعہ اور انہماک تھا۔ ان کے قریبی دوست صدیق احمد مرحوم لکھتے ہیں کہ کم عمری کے باوجود شیخ چاند نے محض اپنے شوق مطالعہ کی وجہ سے مولوی صاحب سے قربت حاصل کی تھی۔ جوہر شناسی مولوی صاحب کا خاص وصف تھا اور انہوں نے شیخ چاند میں وہ گوہر آب دار تلاش کر لیا تھا۔ جو خال خال ہی پایا جاتا ہے صدیق احمد صاحب نے ایک دفعہ کا ذکر کیا ہے جب مولوی عبدالحق اور شیخ چاند گہرے انہماک کے عالم کسی کتاب کا مطالعہ کر رہے تھے وہ لکھتے ہیں:۔

"خانہ باغ سے گزر کر میں بر آمدے میں پہنچا تو ایک مسہری پر مولوی عبدالحق قبلہ لیٹے ہوئے تھے۔ سامنے ایک پرانی کتاب کھلی پڑی تھی۔ ایک ہاتھ میں پنسل کا ٹکڑا تھا اور دوسرے ہاتھ میں حقہ کی نالی تھی۔ ایک کونے پر شیخ چاند مرحوم بیٹھے ہوئے تھے سامنے میز پر چند کتابیں کھلی پڑی ہوئی تھیں۔ میں کوئی پندرہ منٹ کھڑا رہا مگر کسی نے بھی میری طرف نہ دیکھا۔ میں بھی باہر آگیا۔ بڑی دیر تک انتظار کرتا رہا کہ شاید ان میں سے کوئی

اپنی ضرورت سے باہر آئے مگر کامیابی نہیں ہوئی۔ پھر ہمت کر کے اندر گیا شیخ چاند مرحوم نے مجھے دیکھا، قریب بلایا اور ہم دونوں بازو کے کمرے میں چلے گئے ---------"

پرانی کتاب سے صدیق احمد مرحوم کی مراد قدیم مخطوطہ ہے۔ اور تحقیق کے بحر ذخار میں غواصی کرنے والے اس بات سے بخوبی واقف ہیں کہ جب کوئی مخطوطہ سامنے ہو تو محقق کے انہماک کا کیا عالم ہوتا ہے۔ شیخ چاند کا ایک اور اہم کارنامہ مولوی صاحب کے تحریر کردہ شخصی خاکوں کو جمع کرنا ہے۔ مولوی صاحب کی مشہور کتاب "چند ہم عصر" ہرگز وجود میں نہ آتی اگر شیخ چاند نے ان سارے مضامین کو اکٹھا کر کے کتابی صورت نہ دی ہوتی۔ انہوں نے ان کو ترتیب دے کر فہرست بھی تیار کر دی تھی۔ اور مولوی عبدالحق سے فرمائش کی تھی کہ کچھ اور مشاہیر پر مضامین لکھیں تاکہ اس کتاب میں شامل کیا جاسکے۔ لیکن مولوی صاحب کی مصروفیت نے انہیں فرصت نہ دی کہ مزید مضامین لکھے جاسکیں۔ یہاں تک کہ شیخ چاند چل بسے۔ مگر مولوی صاحب نے ان مضامین کو شائع کیا اور اپنے مرحوم شاگرد کی ترتیب کو بھی جوں کا توں رکھا۔ ذیل میں وہ دیباچہ درج ہے جس کا عنوان "التماس" ہے اور جس کے اسلوب سے اندازہ ہوتا ہے کہ یہ مولوی صاحب کی تحریر ہے حالانکہ نام منیجر کا دیا گیا ہے۔

التماس

"یہ مضامین مرحوم شیخ چاند ایم اے ایل ایل بی ریسرچ اسکالر جامعہ عثمانیہ نے مختلف رسالوں کتابوں اور تحریروں سے بڑی محنت اور تلاش کے بعد جمع کئے تھے۔ ان میں کچھ تحریریں تو ایسی ہیں جو بعض بزرگوں کی وفات پر لکھی گئی تھیں اور کچھ کتابوں کے تبصرے کے ضمن میں آگئی تھیں۔ یہ سب مرحوم نے ایک جگہ جمع کر لی تھیں۔ مرحوم

کی ایک اور فرمائش مولوی عبدالحق صاحب سے یہ تھی کہ سر سید احمد خاں نواب عمادالملک اور مولانا حالی پر بھی اس قسم کی تحریریں لکھ دیں۔ کیونکہ مولوی صاحب کے ان بزرگوں سے خاص تعلقات تھے۔ مولانا حالی پر تو ایک مضمون لکھ دیا۔ لیکن باقی دو مضمون لکھنے کی فرصت نہ ملی۔ اگر طبع ثانی کی نوبت آئی تو امید ہے کہ اس کی تکمیل ہو جائے گی۔ ایک خیال یہ بھی تھا کہ ہر تحریر کے ساتھ فوٹو بھی لگائے جائیں لیکن اس کا بھی موقع نہ مل سکا۔ اسے بھی آئندہ کے لئے اٹھا رکھا ہے۔ ان مضامین کی ترتیب بھی وہی رکھی گئی ہے جو مرحوم شیخ چاند نے رکھی تھی۔ افسوس وہ اسے اپنی زندگی میں طبع نہ کرا سکے اور اس سے پہلے ہی چل بسے۔ اب جواں مرگ کی یاد میں یہ کتاب طبع کی جاتی ہے۔

منیجر

حیرت ناک بات یہ ہے کہ "چند ہم عصر" کے جو ایڈیشن بعد میں چھپے ان میں شیخ چاند کا تذکرہ تک نہیں ہے۔ اور نہ ہی مندرجہ بالا نوٹ ملتا ہے۔ جب کہ پہلے ایڈیشن کے سرورق پر شیخ چاند کا نام بحیثیت مرتب درج ہے۔ اس ضمن میں شیخ چاند کے ایک ہونہار شاگرد، ان کے مداح اور نامور محقق جناب اکبرالدین صدیقی نے راقم الحروف سے ایک مرتبہ بات چیت کے دوران بتایا کہ انجمن کے کارکنان میں کچھ ایسے بھی تھے جو شیخ چاند اور مولوی صاحب کی قربت سے حسد کرتے تھے۔ یہ ہو سکتا ہے کہ ان ہی لوگوں کی سازش کہ وجہ سے دیباچے کے اس صفحے کو اور سرورق سے شیخ چاند کے نام کو نکال دیا گیا ہو۔

جو کچھ بھی ہو ایک بات یقیناً یہ طے ہے کہ اگر شیخ چاند نے شخصی دلچسپی لے کر ان مضامین کو اکٹھا نہ کیا ہوتا اور "چند ہم عصر" کی صورت گری میں شیخ چاند کا خون جگر بھی

شامل نہ ہوتا تو فن خاکہ نگاری کے ایک سنگ میل سے اردو دنیا واقف نہ ہوئی ہوتی۔

کتابیات:۔

۱۔ شیخ چاند حیات اور کارنامے۔ خسرو جہاں (غیر مطبوعہ مقالہ برائے ایم فل)

۲۔ پنج سالہ تاریخ انجمن ترقی اردو۔ سید ہاشمی فرید آبادی

۳۔ سودا۔ شیخ چاند

۴۔ رسالہ اردو کے مختلف نمبر

۵۔ مجلہ عثمانیہ۔ جلد ا۔ شمارہ ۴

(۱۱) سودا: تضحیک روزگار اور دہلی

اورنگ زیب عالمگیر کے انتقال کے بعد مغل سلطنت کو زوال آنا شروع ہوا اور یہ عظیم سلطنت جو شمال سے جنوب تک پھیلی ہوئی تھی ٹکڑے ٹکڑے ہوگئی۔ شاہ علم، بہادر شاہ اور جہاں دار شاہ کے بعد فرخ سیر بادشاہ ہوا۔ اس کے زمانے میں سید عبداللہ اور سید حسین علی نے اپنی سازشوں کے جال پھیلائے یہاں تک کہ اسے قتل کر دیا(۱۷۱۹ء)۔ اس کے بعد رفیع الدرجات، رفیع الدولہ اور پھر محمد شاہ بادشاہ ہوا۔ اس زمانے میں سیاسی حالات انتہائی پستی کو پہنچ چکے تھے۔ سازشوں کا دور دورہ تھا۔ نچلے طبقے کے لوگ بادشاہ کے مزاج میں دخیل ہوتے جارہے تھے۔ لوٹ کھسوٹ اور رشوت کا بازار گرم تھا۔ اسی زمانے میں مرہٹہ سرداروں نے سر اٹھایا اور شاہی زمانے میں نادر شاہ نے دلی پر حملہ کیا اور خون کی ندیاں بہادیں۔ دلی کو لوٹ کر تباہ و تاراج کر دیا۔ محمد شاہ کے بعد احمد شاہ تخت پر بیٹھا۔ اس زمانے میں دہلی کا برا حال تھا۔ دہلی گویا لوٹ مار کرنے کرنے والوں کے لئے ایک نشانہ بن گئی تھی۔ ہر کس و ناکس کی نظر دلی پر تھی۔ سلطنت بیحد کمزور اور سمٹ کر رہ گئی تھی۔ روہیلوں کا ہنگامہ فرد کرنے کے لئے جاٹوں اور مرہٹوں کو بلایا گیا تو اس سے شاہی خزانہ پر زبردست بار پڑا۔ ۱۷۴۹ء میں احمد شاہ ابدالی نے حملہ کیا۔۔۔۔۔۔۔ اور ایک گرانقدر رقم (۱۴ لاکھ سالانہ) بطور خراج ادا کرنی پڑی۔ احمد شاہ کے وزیر اعظم صفدر جنگ نے ۱۷۵۳ء میں بغاوت کر دی۔ اسی سال یعنی مئی ۱۷۵۳ء میں پرانی دلی پر جاٹوں نے یلغار کی اور اس کو تہس نہس کر دیا۔ ۱۷۵۴ء میں احمد شاہ کو معزول کر کے اندھا کر دیا گیا۔ اس بادشاہ میں انتظامی صلاحیت مطلق نہ تھی۔ جادو ناتھ سرکار اپنی کتاب " The

"Fall of Mogal Empire" میں لکھتے ہیں کہ نچلے طبقے کے افراد محل شاہی میں دخیل تھے۔۔۔۔۔ طوائفوں کو ملکہ بنایا گیا تھا اور ان کے افراد خاندان کو اعلیٰ عہدے دیئے گئے تھے۔ بادشاہ کو کاروبار مملکت سے کوئی دلچسپی نہ تھی۔ خواجہ سراوں اور معمولی نوکروں کے ہاتھ کاروبار شاہی آ گئے تھے۔ اور بادشاہ ان کے ہاتھ کٹھ پتلی بن گیا تھا۔ یا تو وہ عورتوں میں گھرا عیاشی سے دل بہلاتا یا کھیل تماشے میں وقت صرف کرتا۔۔۔۔۔ شاہی ملازمین، فوج کے سپاہیوں اور افسروں کو تنخواہیں وقت پر نہیں ملتی تھیں۔ ہر طرف افراتفری اور لوٹ مار مچی ہوئی تھی۔ احمد شاہ کے بعد عالمگیر ثانی بادشاہ ہوا جس کے زمانے میں احمد شاہ ابدالی نے پھر دلی کا رخ کیا اور لوٹ مار مچائی۔ اس کے جانے کے بعد عمادالملک عالمگیر ثانی کا دشمن ہو گیا اور دہلی پر حملہ کر کے دہلی کی اینٹ سے اینٹ بجا دی۔۔۔۔ عالمگیر ثانی کو عمادالملک نے قتل کروادیا اور شاہ جہاں ثانی ۱۷۵۹ء میں تخت پر بیٹھا۔ ۱۷۶۰ء میں احمد شاہ ابدالی نے پھر حملہ کیا اور دہلی میں قتل عام کر ڈالا۔ اس کے جاتے ہی مرہٹے اور جاٹ دہلی میں گھس آئے۔ عمارتیں ڈھا دی گئیں اور دہلی کو تباہ و تاراج کر دیا گیا۔

اس طویل تمہید کا مقصد یہ ہے کہ اٹھارویں صدی کی چھٹی دھائی کے حالات کا ایک مختصر جائزہ لیا جائے تاکہ سودا کے قصیدہ تضحیک روز گار کا مطالعہ کیا جا سکے۔ کیونکہ یہی وہ حالات تھے جن کا اثر دلی کی عام زندگی پر بھی پڑا اور یہی وہ دور تھا جب سودا مملکت شعر پر حکمران تھے اور دور دور تک ان کے نام کا ڈنکا بج رہا تھا۔ ان کا ہجو یہ قصیدہ تضحیکِ روز گار اسی زمانے کی دہلی کے حالات پیش کرتا ہے جس میں سودا نے سماج میں پھیلی ہوئی افراتفری، معاشرے کے انحطاط، مصائب اور محرومیوں کا بڑی خوبی سے ذکر کیا ہے۔ تضحیک روز گار ایک دوست کے گھوڑے کی ہجو ہے لیکن اس کے پس پردہ سارا سماج اور

فوجی نظام ہے جو ابتری کا شکار ہے۔ چنانچہ اس قصیدہ کا نام خود اس بات کا غماز ہے کہ سودا اپنے ماحول کو پیش کر رہے تھے۔ انہوں نے اس قصیدے میں بے شمار علامتیں استعمال کی ہیں۔ مکھیوں کا بھنبھنانا، خرس کا خیال آنا، لڑکوں کا ستانا، دھوبی اور کمہار کا اس گھوڑے پر اپنا حق جتانا۔۔۔۔۔۔ یہ سب اپنے اندر گہری معنویت رکھتے ہیں۔

ہے چراغ جب سے ابلقِ ایام پر سوار

یہ کہہ کر سودا نے قاری کے ذہن کو اپنے زمانے کی طرف منتقل کیا ہے جہاں ہر طرف ایک افراتفری کا عالم ہے اور پھر وہ امرا اور فوجی عہدہ داروں کی کسمپرسی کا حال یوں بیان کرتے ہیں۔ ع

جن کے طویلے بیچ کوئی دن کی بات ہے
ہرگز عراقی و عربی کا نہ تھا شمار
اب دیکھتا ہوں میں کہ زمانے کے ہاتھ سے
موچی سے کفشِ پا کو گٹھاتے ہی وہ ادھار

اس کے بعد وہ کنجوسی کی مذمت کرتے ہوئے کہتے ہیں کہ دہر یعنی زمانہ کی افتاد کی وجہ سے نہ صرف عالم خراب ہے بلکہ اکثر نے کنجوسی کی وجہ سے ننگ و عار اٹھایا ہے۔ یہاں اس بات کا اظہار ضروری ہے کہ عتیق احمد صدیقی نے قصائد سودا مرتب کرنے کے لئے انجمن ترقی اردو علی گڑھ کے نسخے سے استفادہ کیا۔ لیکن انہوں نے دوسرے نسخوں کا حوالہ دیتے ہوئے حاشیہ میں اس بات کا اظہار کیا ہے کہ رام پور اور پٹنہ کی لائبریریوں میں جو نسخہ ہے اس میں شعر یوں ہے۔

تنہا ولے نہ دہر سے عالم خراب ہے
خست نے اکثروں نے اٹھایا ہے ننگ و عار

لیکن انجمن ترقی اردو علی گڑھ کے نسخہ میں یوں ہے اور یہی عتیق احمد صدیقی نے بھی درج کیا ہے۔

تنہا وے نہ دہر سے عالم خراب ہے
خست سے اکثروں نے اٹھایا ہے ننگ و عار

اور یہی شعر موضوع اور عبارت کے اعتبار سے درست معلوم ہوتا ہے۔۔۔۔۔۔ کیونکہ خست کا ننگ و عار اٹھانا بے معنی سی بات ہے۔۔۔۔۔۔ اس کے علاوہ اگلا شعر یوں ہے۔

ہیں گے چنانچے ایک ہمارے بھی مہرباں
پاوے سزا جو ان کا کوئی نام لے نہار

"چنانچہ" کہہ کر سودا نے اپنے پچھلے شعر کے مفہوم کو آگے بڑھایا ہے کہ یہ جو مہربان دوست ہیں وہ اتنے کنجوس اور منحوس ہیں کہ کوئی ان کا نام صبح میں لے تو اسے اس دن سزا ضرور ملے گی۔۔۔۔۔۔ دلچسپ بات یہ ہے کہ ان کی آمدنی کچھ کم نہیں بتلائی ہے۔

نوکر ہیں سو روپے کے دنانت کی راہ سے
گھوڑا رکھے ہیں ایک سو اتنا خراب و خوار

اب یہاں ایک بات قابل غور ہے کہ سو روپے وہ اٹھارویں صدی میں اور اگر سالانہ ہو تب بھی کوئی معمولی رقم نہ تھی لیکن "دنانت کی راہ سے" کہہ کر سودا نے اس بات کا اظہار کر دیا ہے کہ اگرچہ بادی النظر میں سو روپے کے نوکر ہیں مگر یہ سو روپے تنخواہ ملتی ہی کب تھی۔ وجہ ظاہر ہے۔۔۔۔۔۔ نظام فوج پورا ابتر تھا۔۔۔۔۔۔ تنخواہیں کہاں سے دی جاتیں جب کہ خزانہ ہی خالی تھا۔ بیرونی حملہ آوروں، مرہٹوں اور باغیوں نے دہلی کو لوٹ لوٹ کر سارا خزانہ خالی کر دیا تھا۔ چنانچہ ان صاحب کے پاس جو گھوڑا تھا، نہ اسے دانہ ہی میسر تھا نہ گھاس، نہ اس کی کوئی دیکھ بھال ہوتی تھی اور نہ ہی اس کے لئے کوئی سائیس تھا۔

ایسا لگتا تھا جیسے کسی دودھ پیتے بچے کے پاس مٹی کا گھوڑا ہو۔۔۔۔۔۔ دودھ پیتا بچہ ظاہر ہے کہ کسی بڑے اور بالغ انسان کی طرح اپنی چیز کی دیکھ بھال نہیں کر سکتا۔ گرنے اور ٹوٹنے پھوٹنے کی وجہ سے مٹی کے گھوڑے کا جو حال ہو سکتا ہے، کچھ ایسا ہی حال سودا نے اپنے "ممدوح" گھوڑے کو بتایا ہے۔

اگلے شعر میں ناطاقتی کا ذکر کرتے ہوئے گھوڑے کی کمزوری کی وجہ مسلسل فاقے بتائے ہیں۔ جس کا مطلب یوں نکلتا ہے کہ جب گھوڑا فاقوں میں زندگی گذار رہا ہو تو اس کا یہ حال کیوں نہ ہو۔۔۔۔۔ اور گھوڑے کا فاقہ کرنے کی وجہ یہ محسوس ہوتی ہے کہ مالک کے پاس دانہ کھلانے کو کچھ نہ تھا۔ اس کے بعد اگلے اشعار میں سودا نے اس گھوڑے کی ناطاقتی اور بھوک سے بے چینی کی کیفیات کو پیش کیا ہے۔ اور یہیں اندازہ ہوتا ہے کہ گھوڑا دراصل ایک علامت ہے۔۔۔۔۔۔ اس سماج کی علامت جو افراتفری کا شکار تھا۔۔۔

اس نظم ونسق کی علامت جہاں فوجیوں کا یہ حال تھا کہ وہ گھوڑا رکھنے پر تو مجبور تھے لیکن تنخواہیں نہ ملنے اور آمدنی کا کوئی دوسرا ذریعہ نہ ہونے کی وجہ سے اس کی دیکھ بھال نہ کر سکتے تھے۔ یہ وہ سماج ہے جس کے افراد بھوکے ہیں اور ہر کھانے پینے کی چیز کو للچاتی نظروں سے دیکھتے ہیں۔ گھوڑے کو دیکھ کر قصاب اور چمار اس آس میں ہیں کہ جلد ہی گوشت اور چمڑہ مل جائے گا۔ قصاب اس فکر میں ہے کہ اس کو ذبح کر کے گوشت حاصل کرے۔ چمار کو یہ امید ہے کہ گھوڑے کے مرتے ہی چمڑہ اسے مل جائے گا۔ یہ قصاب اور چمار اور کوئی نہیں، وہ لٹیرے، غدار اور سلطنت کے دشمن ہیں جو ہر طرف لوٹ مار مچائے ہوئے تھے۔۔۔۔۔۔ اور یہ چاہتے تھے کہ اپنے شکار کی کھال تک کھینچ لیں۔ ع

ہر زخم پر زبس کہ بھنکتی ہیں مکھیاں

کہتے ہیں اس کے رنگ کو مگسی اس اعتبار

زخم پر مکھیوں کا بھنکنا اس معاشرے کے زخمی بدن اور اس زخمی بدن سے چمٹے ہوئے حملہ آوروں کی طرف اشارہ کرتا ہے جو اس معاشرے کے بدن سے آخری قطرۂ خون بھی حاصل کرلینا چاہتے تھے۔

اس حصہ کے بعد سودا نے گھوڑے کے مالک کے پاس خود کے جانے اور اس گھوڑے کو مانگنے کی روداد کے بارے میں لکھا ہے۔۔۔۔۔۔ سودا کے دوست جو جواب دیتے ہیں وہ دلچسپی سے خالی نہیں۔۔۔۔۔ گھوڑے کا مالک اپنے گھوڑے کی برائیوں سے آگاہ ہے اور ان کو متنبہ کرتا ہے کہ یہ گھوڑا تو گدھے سے بدتر ہے۔ سلطنت دہلی کی اس زمانے کی حالت کی اس سے بہتر تشبیہ اور کیا دی جاسکتی ہے۔ گھوڑے کا مالک اس گھوڑے کی خوبیوں کا ذکر کرتے ہوئے ایک اور اہم بات کہتا ہے۔۔۔۔۔ ع

دلی تک آن پہنچا تھا جس دن کہ مرہٹہ
مجھ سے کہا نقیب نے آکر ہے وقت کار

عجیب بات یہ ہے کہ مرہٹے شہر میں در آئے ہیں اور اس وقت فوجیوں سے یہ کہا جارہا ہے کہ اب "وقت کار" ہے۔ یعنی اس وقت تک سب خواب غفلت میں پڑے تھے اور جب جان پر آبنی تو ادھر ادھر بکھرے ہوئے فوجیوں کی یاد آئی اور پھر نقیب سے یہ اندازہ ہوتا ہے کہ غالباً منادی کی گئی ہوگی کہ جتنے فوجی ہیں وہ تمام آئیں اور دلی کو بچائیں۔ باقاعدہ فوج کا تصور نہیں ملتا۔ حالانکہ اس سے پہلے باقاعدہ فوج بھی تھی اور بے قاعدہ فوج میں چھوٹے چھوٹے کماندار ہوتے تھے جن کے تحت کچھ فوجی اور ان کا سازوسامان ہوتا تھا۔ یہ فوجی اہم ضرورت کے وقت طلب کئے جاتے تھے ورنہ وہ اپنے کاروبار میں مشغول رہتے۔ کسی اہم مہم کے وقت جب یہ محسوس کیا جاتا کہ باقاعدہ فوج کم ہے تو اس صورت میں بے قاعدہ فوج کے کمان داروں کو طلب کرکے ان کے تحت کے آدمیوں کو بھی حاصل کرلیا

جاتا تھا۔ اس دور کی دلی میں باقاعدہ فوج کی بجائے صرف بے قاعدہ فوج نظر آتی ہے جس کو اس وقت طلب کیا جارہا ہے جب دشمن سرپر آپہنچے ہیں۔۔۔۔۔ اس بات سے حکمران کی لاپرواہی اور امرائے سلطنت کا غیر ذمہ دارانہ رویہ واضح طور پر معلوم ہوتا ہے۔ ایک اور بات اس شعر کی روشنی میں یہ بھی معلوم ہوتی ہے کہ جن فوجیوں کو طلب کیا جارہا ہے ان میں نہ تو مادرِ وطن کو بچانے کے لئے جذبہ تھا اور نہ ہی ہمت، جفاکشی اور بہادری کے جوہر۔۔۔۔۔ گھوڑا ناقص ہونے کی وجہ سے وہ میدان جنگ تک پہنچ نہیں سکتے تھے۔ درحقیقت ناکارہ سازوسامان کا تو بہانہ تھا لوگ عیش و عشرت کاہلی اور لہو و لعب میں اس قدر گرفتار تھے کہ انہیں جوہر مردانہ دکھانے کا حوصلہ ہی نہ تھا۔۔۔۔ جب سارے کا سارا معاشرہ ہی ایسا ہو تو دلی پر جو کچھ بھی ستم ڈھائے جائیں وہ کم ہیں۔

سودا کی خوبی یہ ہے کہ ان کے کلام کے مطالعہ سے اس دور کے معاشی اور معاشرتی حالات پر بھی روشنی پڑتی ہے۔۔۔۔ چنانچہ تضحیک روزگار کے علاوہ سودا کے کہے گئے شہر آشوب اس کی عمدہ مثال ہیں۔۔۔۔۔ اور یہ کہا جاسکتا ہے کہ سودا ایک دردمند دل رکھتے تھے اور ایک حساس ذہن کا مالک جب کسی چیز کو اپنے اندرون میں محسوس کرتا ہے تو بے ساختہ اس کا اظہار بھی کر دیتا ہے۔ یہ اور بات ہے کہ اظہار اس کی اپنی فکر، مشاہدے اور تجربے کے دائرے میں ہی ہوگا۔ اور اظہار کا مخصوص اسلوب اس کا طرۂ امتیاز بن جائے گا۔ سودا نے قصیدوں کو اپنے دل کے درد کے اظہار کے لئے نہایت خوبی سے استعمال کیا اور وہ اپنے اظہار میں کامیاب بھی رہے۔۔۔۔۔۔۔!!!

(۱۲) اردو افسانہ اور یوسف ساجد

یہ سن ۱۹۸۲ء کی بات کے، جب میں نے سنٹرل یونیورسٹی آف حیدر آباد کے شعبہ اردو میں ایم اے کے بعد ایم فل میں داخلہ لیا تھا۔۔۔۔ کچھ عجیب سا لگا تھا کہ نوجوان لڑکے لڑکیوں کے درمیان ایک ڈھلتی عمر کا شخص درس گاہ میں زانوئے ادب طے کر رہا ہے۔ لیکن جب میں نے اپنے ساتھیوں کا جائزہ لیا تو ایک میں ہی نہیں، وہاں اور بھی کچھ لوگ ایسے تھے جن کے درمیان مجھے عمر کے تفاوت کا احساس نہ رہتا۔۔۔۔۔۔ ایسے ہی ساتھیوں میں یوسف ساجد بھی شامل تھے۔ ہمیشہ چہرے پر مسکراہٹ لئے، موٹے شیشوں کی عینک چڑھائے یہ موصوف مجھے اچھے لگے۔ ان کی سب سے اہم خوبی یہ تھی کہ وہ کسی کی برائی نہیں کرتے تھے۔ بس اپنے کام سے کام۔۔۔۔۔۔یونیورسٹی آئے ۔۔۔۔۔کلاس اٹنڈ کی ۔۔۔۔پھر استاذی مجاور حسین رضوی کے "تکئے" پر چلے آئے ۔۔۔۔۔وہیں ہماری پھر جمتی تھی۔ خوب ہاہا ہو ہو مچتی۔۔۔۔۔ یوسف ساجد کسی کونے میں پیٹھے مسکرایا کرتے تھے۔ کبھی کبھی قہقہوں سے چھت اڑنے لگتی تو وہ بھی ان قہقہوں میں حسب مقدور اپنا حصہ لگاتے۔۔۔۔۔۔ ایم فل میں یوسف ساجد نے شفیق الرحمن پر مقالہ تحریر کیا تھا۔ اور پھر عثمانیہ یونیورسٹی سے انھوں نے اسی موضوع کو لے کر پی ایچ ڈی بھی کیا۔ مقالہ تحریر کئے جانے کے دوران ان سے اکثر ملاقاتیں ہوا کرتی تھیں۔ جب بھی جگتیال سے حیدر آباد تشریف لاتے اپنے ساتھ کتابوں اور رسالوں کا انبار لئے غریب خانے پر ضرور طلوع ہوتے تھے۔ شفیق الرحمن کو یوں تو میں نے بہت پڑھا تھا اور وہ

میرے پسندیدہ مزاح نگار تھے۔ لیکن سچ بات یہ ہے کہ شفیق الرحمن کو تفصیل سے ناقدانہ انداز سے پڑھنے کا موقع مجھے صرف یوسف ساجد کی وجہ سے مل پایا۔

مقالے کی تکمیل کے بعد ان سے صرف عید اور نئے سال کے موقع پر تار یا تہنیت نامہ کے ذریعہ ملاقات ہوتی رہی۔۔۔۔۔ پھر اخبارات سے پتہ چلا کہ ان کے افسانوں کا مجموعہ شائع ہونے جارہا ہے۔۔۔۔ خوشی ہوئی۔۔۔۔ ویسے توقع تو یہ تھی کہ یوسف ساجد کے ایم فل یا پی ایچ ڈی کے مقالے کی طباعت عمل میں آئے گی۔۔۔۔۔۔ پھر اچانک ایک محفل میں ان سے ملاقات ہوئی تو پتہ چلا کہ "ساتواں پھیرا" ہو چکا ہے۔۔۔۔۔ یعنی چھپ چکا ہے۔۔۔۔ اور اس کی رسم اجراء میں مجھے بھی شریک ہونا ہے۔۔۔ مزید خوشی ہوئی کہ انھوں نے اب تک مجھے یاد رکھا۔ افسانہ چاہے روایتی ہو یا علامتی انداز میں تحریر کیا گیا ہو۔۔۔۔ اس کی سب سے اہم خصوصیت اسکا ایجاز و اختصار ہے۔ افسانہ طوالت کا متحمل نہیں ہو سکتا۔۔۔۔۔ اس کے علاوہ افسانے میں وحدت تاثر کا ہونا بے حد ضروری ہے اگر وحدت تاثر نہ ہو تو کہانی پن ختم ہو جائے گا۔ افسانے میں ایک اور چیز ہے ۔۔۔ اور وہ ہے قاری کی توجہ کو اپنی طرف مرکوز کرنے کا فن۔ مرکزی اور ثانوی کردار، منظر نگاری واقعات کے بہاؤ اور گٹھے ہوئے پلاٹ کی مدد سے ایک کامیاب افسانہ نگاری قاری کی توجہ کو ہٹنے نہیں دیتا۔ اچھے افسانے کی پہچان یہ بھی ہے کہ اگر اسے شروع کیا جائے تو ختم ہونے تک توجہ ادھر ادھر ہٹنے نہ پائے۔

عالمی ادب میں افسانہ انیسویں صدی میں داخل ہوا۔ اور اسی صدی کی آخری دہائیوں میں اردو میں افسانے کی چاپ محسوس کی جانے لگی۔ لیکن صحیح معنوں میں مختصر اردو افسانے کا بانی سجاد حیدر یلدرم کو کہا جا سکتا ہے۔ یلدرم کے یہاں زندگی کے رومانی پہلوؤں کو اہمیت دی گئی تھی۔ نیاز فتحپوری نے تخیل کے شاداب مرغزاروں میں اپنے قلم کی جولانیاں

دکھائیں۔ مجنوں گورکھپوری نے انگریزی مختصر افسانے کے زیر اثر قنوطیت اور فلسفہ کی آمیزش سے سماجی بندھنوں اور محبت کے ٹکراؤ کو موضوع بنایا۔۔۔۔سلطان حیدر جوش، راشد الخیری، سدرشن، حامد اللہ افسر وغیرہ نے اردو افسانے میں رومانیت کے ساتھ ساتھ مسائل کی طرف توجہ کی اور مقصد کو اپنی تحریروں میں داخل کرکے افسانے کو ایک نیارخ دیا۔ پریم چند نے اردو افسانے کو وقار عطا کیا۔ رومانی اور تخیلی فضا پر مبنی افسانے لکھتے ہوئے جب پریم چند نے حقیقت نگاری کی طرف قدم بڑھائے اور سماج کے ناسوروں پر نشتر لگانے کا اہم کام انجام دیا تو اردو افسانہ اپنے عروج کی طرف گامزن ہوا۔ اور پھر ترقی پسند تحریک نے اسے اتنی ترقی دی کہ اردو افسانے کو ترقی پسند تحریک کی دین مان لیا گیا۔۔۔۔۔کرشن چندر، عصمت، بیدی، منٹو، سجاد ظہیر اور دوسروں نے افسانے کو چار چاند لگا دیئے۔ سن ساٹھ کے بعد افسانے نے ایک نئی کروٹ لی اور علامت کے توسط سے تجریدی دور میں داخل ہوا۔ یہ تجربات ایک طرف ہاتھوں ہاتھ لئے گئے تو دوسری طرف افسانے کے روایتی اسلوب کو برقرار رکھنے کی شعوری کوشش کی جانے لگی۔۔۔۔یوسف ساجد اسی شعوری کوشش کے غیر شعوری مقلد کہے جاسکتے ہیں۔

یوسف ساجد نے ہائی اسکول ہی سے افسانہ لکھنے کی کوششیں شروع کر دی تھی۔ ان کا پہلا افسانہ "نہ خدا ہی ملا نہ وصال صنم" ۵۶ء میں ایک اسکول میگزین میں شائع ہوا تھا۔ یہ افسانہ ان کے مجموعے کا بھی پہلا افسانہ ہے۔ اور اگر یہ افسانہ جوں کا توں رکھا گیا ہے تو یہ اندازہ کرنا مشکل نہیں کہ نوعمری میں ہی یوسف ساجد کی تخلیقی صلاحیتوں نے رنگ دکھانا شروع کر دیا تھا۔ اس افسانے کا پلاٹ ایک ایسے شخص کے گرد گھومتا ہے جس کی لڑکی بیمار ہے لیکن اس کے پاس چونکہ ڈاکٹر کو دینے کے لئے فیس کے پیسے نہیں ہیں اس لئے اسے دھتکار دیا جاتا ہے۔ پھر وہ اپنی بچی کو بچانے کے لئے چوری کر بیٹھتا ہے لیکن جب ڈاکٹر آتا

ہے تو لڑکی مر چکی ہوتی ہے۔ اس شخص نے لڑکی کو بچانے کے لئے اپنی شرافت کو تیاگ دیا تھا۔۔۔۔ پھر بھی وہ اس کی جان نہیں بچا سکا اور اس طرح افسانے کے عنوان کو Justification مل جاتا ہے۔ اس افسانے میں کچھ جھول بھی ہیں جیسے کہانی کا مرکزی کردار ڈاکٹر کے یہاں سے نکل کر چوری کرنے کے لئے ایک عالیشان عمارت کے کمپاؤنڈ میں داخل ہو جاتا ہے۔۔۔۔۔ اور تھوڑی دیر بعد جب باہر نکلتا ہے تو اس کے ہاتھوں میں نوٹوں کی گڈی ہوتی ہے۔۔۔۔ گویا اس مکان میں اس شخص کے لئے نوٹوں کی گڈی اس طرح تیار رکھ دی گئی تھی کہ وہ آئے اور اس گڈی کو اٹھالے جائے۔ ریکارڈ کے حساب سے یوسف ساجد نے ۱۹۵۹ء میں میٹرک کیا تھا۔ اس اعتبار سے جب انھوں نے یہ افسانہ لکھا ہو گا تو وہ ساتویں یا آٹھویں میں پڑھ رہے ہوں گے۔ اس لئے اس طرح کا جھول کوئی ایسی بات نہیں کہ ان سے باز پرس کی جاسکے بلکہ اس بات کا اعتراف ضروری ہو جاتا ہے کہ اس نو عمری کے باوجود ان کی اس تخلیق میں موجودہ سماج سے بغاوت کی وہ لہریں نظر آتی ہیں جو ترقی پسند افسانے کی ایک اہم اور نمایاں خصوصیت تھی۔

اس کہانی کے مرکزی کردار کے اندرون میں جو کشمکش ہے اس کو یوسف ساجد نے مکالموں کی شکل دے دی ہے۔ کردار کے کانوں میں ڈاکٹر کے الفاظ گونجتے ہیں "چوری کرو ڈاکہ ڈالو۔۔۔۔۔" اور اس کا ضمیر کہتا ہے "نہیں نہیں یہ پاپ ہے" پھر اس کے اندر سے ایک دوسری آواز سوال کرتی ہے "یہ پاپ ہے؟ قوم کے بڑے بڑے سرمایہ دار جو غریبوں کا خون چوستے ہیں کیا وہ سب پاپی کہلائیں گے۔۔۔۔۔؟ نہیں۔۔۔۔۔ وہ پاپی نہیں کہلاتے، انہیں تو لوگ خدا سمجھتے ہیں۔۔۔۔۔ انہیں اوتار کا درجہ دیتے ہیں سماج میں ان کی بڑی عزت ہے۔۔۔۔۔ اونچا مقام ہے۔۔۔۔۔ پھر تم کیوں پاپی کہلاؤ گے۔؟"

ان مکالموں میں سرمایہ داری کے خلاف جو گھن گرج ہے وہ کم عمر یوسف ساجد کے قلم سے یقیناً اچھی لگی ہو گی اور اسی وقت یوسف ساجد کو سننے اور پڑھنے والوں نے محسوس کر لیا ہو گا کہ ایک ہونہار افسانہ نگار کے پاؤں پالنے میں سے نظر آنے لگے ہیں۔ یوسف ساجد کے پہلے مجموعہ "ساتواں پھیرا" میں ۱۹ کہانیاں ہیں۔۔۔۔ ۳۸ برس کے ادبی سفر میں ۱۹ کہانیوں کا مطلب یہ ہے کہ اوسطاً دو برس میں یوسف ساجد نے ایک کہانی لکھی ہے ۔۔۔۔۔ اس طرح تھم تھم کے لکھنے کی ایک وجہ یہ ہو سکتی ہے کہ غم روزگار نے انہیں اپنے ترکش سے تیر نکالنے کا موقع نہ دیا ہو۔۔۔۔۔ یا پھر یہ کہ وہ غالب کے اس مصرعے کے قائل ہوں کہ۔

رکتی ہے مری طبع تو ہوتی ہے رواں اور

ایسی صورت میں نالوں کے چڑھ جانے کی توقع ضرور کی جاسکتی تھی۔ یوسف ساجد کے فن کے بارے میں ڈاکٹر یوسف سرمست لکھتے ہیں کہ "ان کی کہانی کے موضوعات عام زندگی ہے تجربات ہیں "اور یہ بات بڑی حد تک درست ہے۔۔۔۔۔۔ جہاں محض تخیل کار فرما ہے ان مقامات سے درگزر کیا جائے تو یوسف ساجد کے افسانوں میں سرمایہ داری کے خلاف جدوجہد، محبت، نفرت، پیار، قربانی اور ایثار کے جذبات کے ساتھ فسادات، رویت ہلال جیسے موضوعات موجود ہیں۔ ان سب میں اہم کہانی "ساتواں پھیرا" ہے جس میں ایک انوکھی کیفیت انگریزی کے مشہور استاد اور شاعر پروفیسر شیو کے کمار کی ایک نظم میں موجود بھی ہے۔۔۔۔۔ اس بات سے قطع نظر کہ یوسف ساجد کے افسانے کا اختتام کیسے ہوتا ہے۔ ہر پھیرے کے دوران کئے جانے والے عہد کے ساتھ ساتھ ماضی کے اوراق الٹنے سے افسانے میں ایک ندرت پیدا ہو گئی ہے۔ دولہن کی نفسیاتی کیفیت اور اس کا ردعمل ایک جھٹکا یا شاک سا پیدا کرتے ہیں۔۔۔۔۔ اسی طرح کا ایک اور افسانہ "نیا

تماشہ" ہے ۔۔۔۔ جس میں لڑکی اپنی ماں سے بغاوت کرنے پر اتر آتی ہے ۔۔۔۔۔۔ اس لڑکی کی منگنی پہلے ایک کم تعلیم یافتہ نوجوان کے ساتھ کی گئی تھی ۔۔۔۔۔۔ لیکن جب زیادہ تعلیم یافتہ یعنی گریجویٹ نوجوان کا رشتہ آیا تو سابق منگنی کو توڑ کر نئی منگنی کی تیاریاں ہونے لگیں تھیں ایسی صورت حال میں لڑکی مقابلہ کی ٹھان لیتی ہے اور کھل کر انکار کر دیتی ہے۔ اس طرح یوسف ساجد نے آزادی نسواں یا پھریوں کہئے کہ خواتین کے ساتھ بھیڑ، بکریوں کی طرح سلوک کرنے کے خلاف آواز اٹھائی ہے۔

اس مجموعہ میں ایک اور اچھا افسانہ "ہوتا ہے شب و روز تماشہ مرے آگے" کے عنوان سے ملتا ہے ۔۔۔ جس میں فسادات کو موضوع بنایا گیا ہے۔ اس کہانی کا مرکزی کردار فسادات کی خبریں پڑھ پڑھ کر انسانیت کا ماتم کر رہا ہے۔ دریں اثنا ریڈیو سے خون کے عطیہ کی اپیل نشر کی جاتی ہے ۔۔۔ ور یہ کردار جب خون کا عطیہ دینے کے لئے ہسپتال کی طرف جانے لگتا ہے تو راستے ہی میں فسادیوں کا نشانہ بن جاتا ہے۔ یوسف ساجد نے افسانہ اس لئے نہیں لکھا کہ اردو کے بڑے افسانہ نگاروں کی صف میں شامل ہونا تھا ۔۔۔ انھوں نے افسانہ اس لئے لکھا کہ انھیں اپنے احساسات کو اپنے تجربات کو اظہار کا روپ دینے کے لئے افسانے سے بہتر وسیلہ نہ مل سکا۔ یوسف ساجد کی افسانہ نگاری کی خصوصیت یہ ہے کہ انھوں نے مقصدیت کو سامنے رکھتے ہوئے زندگی کی تلخ حقیقتوں کو موضوع بنایا ہے ۔۔۔ ان کے پلاٹ کہیں گٹھے ہوئے ہیں اور کہیں بکھرے بکھرے ۔۔۔ لیکن اس سے کوئی فرق نہیں پڑتا۔ دیکھنا یہ چاہئے کہ افسانہ نگار کیا کہنا چاہتا ہے ۔۔۔ اور اس کے پیش نظر جو مقصد ہے اس میں کتنی آفاقیت ہے ۔۔۔ اس اعتبار سے اگر یہ کہا جائے کہ یوسف ساجد ایک کامیاب افسانہ نگار ہیں تو بے جا نہ ہو گا۔

(۱۴) ذوق کی قصیدہ نگاری

قصیدہ عربی زبان کا لفظ ہے جس کے اصطلاحی معنی ہیں سات یا دس اشعار کے زائد نظم۔ اردو میں قصیدہ اس نظم کو کہتے ہیں جو کسی کی مدح یا ذم کے لئے لکھی جائے، یا وعظ و نصیحت، پند و موعظت یا تعریف بہار یا شکایت روز گار وغیرہ کے مضامین باندھے جائیں۔ جب تک شاہی دور رہا شعراء کی قدر و منزلت رہی انھیں خطابوں سے نوازا گیا۔۔۔ جس شاعر نے قصیدہ گوئی میں کمال حاصل کیا اسے استاد تسلیم کیا گیا۔ ویسے یہ صورت حال آج بھی ہے لیکن قصیدہ کی نوعیت میں تھوڑی سی تبدیلی ہوگئی ہے۔ ہیئت کو بدل کر ملکی، سماجی اور سیاسی حالات کی عکاسی کرتے ہوئے آج بھی قصیدہ نگاری کا سلسلہ جاری ہے اور خطابوں کا رواج بھی چل پڑا ہے۔۔۔۔۔۔!

مولانا شبلیؒ لکھتے ہیں۔

"ہمارے خیال میں عربی قصیدہ صلہ اور انعام کی توقع پر مبنی نہ تھا جیسا کہ مشہور شعرائے جاہلیت کے قصائد سے پتہ چلتا ہے ان کے قصائد حصول تفوق و ناموری اور سیادت و سرداری کے امتیاز کے لئے ہوتے تھے۔ عربی قصائد زیادہ تر فخریہ رجزیہ ہوتے تھے یا کسی واقعہ کا بیان۔ ان چیزوں سے صلہ اور انعام کی کیا توقع ہوسکتی ہے۔"

قصیدہ کا رواج عربی سے فارسی اور پھر فارسی سے اردو میں منتقل ہوا۔ اردو میں قصیدہ گوئی بادشاہوں امراء وغیرہ کی مدح کے لئے یا پھر کسی کی ہجو کے لئے کی جاتی رہی۔ لیکن اردو قصیدہ گوئی فارسی قصیدہ گوئی سے پیچھے نہیں رہی۔۔۔۔۔ علمی اصطلاحات،

فنی اور مذہبی تلمیحات، پیچیدہ مسائل، فلسفہ، ادب و معنی، تلازمہ، صنعتیں ان تمام سے قصائد کا دامن مالامال ہے۔ قصیدہ کا ایک عیب یہ ہے کہ اس میں آمد کی جگہ اکثر آورد کو دخل ہوتا ہے لیکن ماہر فن قصیدہ گو آورد میں بھی آمد کی کیفیت پیدا کر لیتے ہیں۔ شیخ ابراہیم ذوق اس کی عمدہ مثال ہیں۔ ذوق قصائد میں سودا کے پیرو ہیں۔ محمد حسین آزاد نے آب حیات میں لکھا ہے۔

" جاننے والے جانتے ہیں کہ اصلی میلان ان کی طبیعت کا سودا کے انداز پر زیادہ تھا۔ نظم اردو کی نقاشی میں مرزائے موصوف نے قصیدہ پر دستکاری کا حق ادا کر دیا ہے۔ ان کے بعد شیخ مرحوم کے سوا کسی نے اس پر قلم نہیں اٹھایا۔ اور انھوں نے مرقع کو ایسی اونچی محراب پر سجایا کہ جہاں کسی کے (کا) ہاتھ نہیں پہنچا۔ "

ذوق انیس برس ہی کے تھے کہ انھیں اکبر ثانی نے ان کے ایک قصیدہ پر خوش ہو کر خاقانی ہند کا خطاب عطا کیا۔ اس قصیدہ میں نہ صرف انواع و اقسام کے صنائع بدائع صرف کئے گئے تھے بلکہ کئی زبانوں میں اشعار لکھ کر شامل کئے گئے تھے۔ اس قصیدہ کا مطلع یہ تھا۔

جبکہ سرطان واسد مہر کا ٹھہرا مسکن
آب وایلولہ ہوئے نشو نمائے گلشن

ذوق کی خوش قسمتی یہ تھی کہ ان کے زمانے تک اردو زبان کافی نکھر چکی تھی۔ اور اس کا بھاشا آمیز لہجہ مٹ چکا تھا اور پھر ان سے پہلے سودا جیسا مسلم الثبوت استاد گزر چکا تھا جس نے اردو قصیدہ گوئی کو چار چاند لگا دیئے تھے۔ اس لئے ذوق کے قصیدوں میں زبان و بیان کے عمدہ نمونے نظر آتے ہیں۔ اس کے ساتھ ساتھ ذوق کے قصائد میں روانی، فارسی کی آمیزش، نگینے کی طرح جڑے ہوئے الفاظ، شوکت لفظی، صنائع لفظی و معنوی،

علمیت غرض ہر وہ خوبی جو شعر کے بارے میں سوچی جا سکتی ہے ذوق کے قصائد میں موجود ہے۔ اس کی وجہ یہ محسوس ہوتی ہے کہ انھوں نے متقدمین سے کافی استفادہ کیا۔ شاہ نصیر، مصحفی، انشا ان سب کا رنگ ذوق کے پاس موجود ہے۔ اور سودا کا انداز تو گویا ذوق کی شاعری اور بالخصوص قصائد میں رچ بس گیا ہے۔ شاہ سلیمان ذوق کے قصائد پر یوں تبصرہ کرتے ہیں۔

"ذوق کے پائے کا قصیدہ کہنے والا اردو زبان میں اب تک کوئی شاعر نہیں گزرا۔ مرزا رفیع سودا پر بھی ترجیح دینا بے جا نہیں۔"

لیکن ذوق کی طبیعت قصائد میں مشکل پسند ہے۔ جس کی وجہ سے شاعری متاثر ہو جاتی ہے۔ ذوق نے اپنی شاعری کی قدرت کے اظہار کے لئے ایسی زمینیں بحور اور ردیفیں تلاش کر کے اپنا کمال دکھایا جن تک شعراء کی رسائی نہیں تھی مقصد محض یہ تھا کہ وہ اپنے حریفوں پر چھا جائیں۔ ذوق چونکہ بہادر شاہ ظفر کے استاد تھے اس لئے ان کے حریفوں کی تعداد بھی کم نہ تھی۔ انھیں حریفوں کو نیچا دکھانے کے لئے ذوق نے قصیدہ اور ان میں ایسی ایسی صنعتیں استعمال کیں جن کا استعمال ہر کس و ناکس کے بس کا روگ نہ تھا۔ ان کا قصیدہ نکال لیجئے اور اس میں سے کسی بھی شعر کا انتخاب کر لیجئے کوئی نہ کوئی صنعت اس میں ضرور ملے گی۔ ذوق کے ہاں روانی بے حد ہے لیکن معنویت نسبتاً کم اور پھر ذوق نے اپنے قصائد میں مدح کرتے ہوئے اس قدر غلو سے کام لیا کہ مذہبی اعتبار سے قابل اعتراض حدوں تک داخل ہو گئے۔ ایک قصیدہ کا حسن مطلع یہ ہے۔

یوں کرسی زر پر ہے تری جلوہ نمائی
جس طرح سے مصحف ہو سر رحل طلائی

ذوق کے قصائد میں جہاں ان کی زبان دانی کا ثبوت ملتا ہے وہیں ان کی مختلف علوم

سے واقفیت بھی معلوم ہوتی ہے۔ ذوق کے قصیدہ "زہے نشاط اگر کیجئے اسے تحریر" میں ایک جگہ حمل اور حوت کا تذکرہ ملتا ہے۔ جس سے اندازہ ہوتا ہے کہ انہیں علم نجوم سے بھی لگاؤ تھا۔

حمل سے حوت تلک جا ملی ہیں تصویریں

مضامین حکمت و طب، فلسفہ و منطق، موسیقی غرض کوئی میدان ایسا نظر نہیں آتا جہاں وہ بندر رہے ہوں۔ اور لطف یہ ہے کہ ذوق ان علوم کی اصطلاحات کے برجستہ استعمال سے شعر کو چار چاند لگا دیتے ہیں۔ ذوق کی زمینیں سنگلاخ ضرور ہیں لیکن رواں اور شگفتہ بحور استعمال کی گئی ہیں۔ اور ترنم و موسیقیت نے شعر کو نیا لباس دیا ہے۔ ذوق الفاظ کے انتخاب میں بڑی احتیاط سے کام لیتے ہیں۔ اور اچھوتی ترکیبوں کو استعمال کرنے میں انھیں ملکہ حاصل ہے۔ انھوں نے غیر مادی اشیا کو مشخص کر کے بھی ایک عجیب سا منظر پیدا کیا ہے۔ اسی قصیدہ میں ایک جگہ کہتے ہیں

کہ ہے ہجوم نشاط و سرور جم غفیر

ایک اور قصیدہ میں لکھتے ہیں کہ

"ہوں دیکھ غرق حیا نور سحر رنگ شفق"

موسیقی سے ان کو لگاؤ تھا اور وہ موسیقی کی اصطلاحات سے بھی بخوبی واقف تھے۔ ان اصطلاحات کا استعمال بھی انھوں نے اپنے قصائد میں جا بجا کیا ہے۔

"نفس کے تار سے آواز خوشتر از بم وزیر"

ایک اور قصیدہ میں لکھتے ہیں۔

اس قدر ساز طرب ساز کی آواز بلند

چھیڑیں گر تار کھرج کا تو ہو پیدا دھیوت

طرب، کھرج اور دھیوت موسیقی کی خاص اصطلاحیں ہیں۔ اسی قصیدہ میں ایک شعر یہ ہے۔

لے کے انگڑائی کہیں ہنسنے لگی رام کلی
اٹھی ملتی ہوئی آنکھوں کو کہیں اپنی للت

رام کلی اور للت یہ دونوں راگنیوں کے نام ہیں۔

ایک قصیدہ میں ذوق نے مختلف میدانوں میں اپنی دسترس کے بارے میں تقریباً ۵۰ اشعار میں اظہار کیا ہے۔ اس قصیدہ کا مطلع یہ ہے۔

شب کو میں اپنے سر بستر خواب راحت
نشۂ علم میں سرمست غرور نخوت

اور اپنی معلومات کا اظہار کرتے ہوئے آخر میں یوں لکھتے ہیں۔

فائدہ کیا جو ہر اک علم کی جانی تعریف
فائدہ کیا جو ہر ایک فن کی کھلی ماہیت

ذوق نے تقریباً ہر قصیدہ میں یہی رویہ رکھا ہے۔ وہ مشاقانہ انداز میں اصطلاحات کا انبار لگاتے چلے جاتے ہیں اور یوں محسوس ہوتا ہے کہ گویا وہ اس فن میں کامل ہیں۔

محمد حسین آزاد لکھتے ہیں

"تاریخ کا ذکر آئے تو وہ اک صاحب نظر مؤرخ تھے۔ تفسیر کا ذکر آئے تو ایسا معلوم ہوتا تھا گویا تفسیر کبیر دیکھ کر اٹھے ہیں۔ خصوصاً تصوف میں ایک خاص شغف تھا۔ جب تقریر کرتے، یہ معلوم ہوتا تھا کہ شیخ شبلی یا بایزید بسطامی بول رہے ہیں ۔۔۔۔۔۔ رمل و نجوم کا ذکر آئے تو وہ نجومی تھے ۔۔۔۔۔۔

ذوق نے صحت یابی پر جو قصائد لکھے ہیں ان میں صحت یابی کی رعایت سے موسم کی

معتدل کیفیات کا ذکر بھی کیا ہے۔ لیکن ان کے بہاریہ مضامین میں مبالغہ بہت زیادہ ہے۔ اور تخیل کا رنگ اس حد تک غالب ہے کہ کبھی کبھی طبع نازک کو ناگوار گزرتا محسوس ہوتا ہے۔ دلچسپ بات یہ ہے کہ کبھی وہ صوفی بن کر تصوف کا درس دیتے ہیں تو کبھی درویش بن کر ترک دنیا و ترک عیش کی تلقین کرتے ہیں۔۔۔۔ اور کہیں دنیا کی بے ثباتی کا ذکر کر کے عشق و نشاط پر اکساتے ہیں۔۔۔۔۔۔۔! ان کے قصائد کا مطمح نظر محض یہ ہوتا تھا کہ ہر ممکنہ انداز سے ممدوح کی مدح کی جائے۔ اور اس کے ساتھ ساتھ اپنی علمیت کی دھاک بیٹھائی جائے۔ اس میں وہ اکثر بے اعتدالیوں کا شکار بھی ہوئے ہیں۔ لیکن پر شکوہ الفاظ اور تراکیب کے طلسم نے ان خامیوں پر پردہ ڈال دیا ہے۔

قصیدہ میں سب سے زیادہ نازک مقام گریز ہے۔ ذوق نے گریز کے موقعوں پر اپنی مہارت کا بے پناہ ثبوت بہم پہنچایا۔ وہ اس خوبی سے بہاریہ سے مدح کی طرف پلٹتے ہیں کہ بے ساختگی محسوس ہوتی ہے۔ "زہے نشاط۔۔۔۔۔۔۔۔" میں وہ اس طرح گریز کرتے ہیں۔

شمیم عیش سے ہے یہ زمانہ عطر آگیں
کہ قرض عنبر اگر ہے زمیں تو گرد عبیر

اور پھر ہجوم نشاط اور عیش و عشرت کا تذکرہ کرتے ہوئے غسل صحت پر آتے ہیں

"دیا ہے رنج کو دھو تیرے غسل صحت نے"

ذوق اپنے قصائد میں مضمون آفرینی کو خاص اہمیت دیتے ہیں حسن تعلیل، تلمیحات، تشبیہوں اور استعارات کے ذریعے مضمون کو بلند کرنے کا کوئی دقیقہ نہیں اٹھا رکھتے۔ ان کے مضامین تنوع بھی پایا جاتا ہے۔ لیکن اس کا دائرہ سودا کی طرح ہمہ گیر اور وسیع نہیں۔ ذوق کے قصیدوں کی ایک اور کمزوری یہ ہے کہ سودا کی طرح ان کے قصائد

میں ملکی و معاشرتی حالات کا پتہ نہیں چلتا۔ بس ایسا محسوس ہوتا ہے کہ عیش و عشرت کا بازار گرم ہے اور ممدوح سے زیادہ بہادر، حسین، علم، سخی اور کوئی نہیں۔۔۔۔۔ جس کی وجہ سے تصنع کا رنگ پیدا ہو جاتا ہے۔۔۔۔۔ لیکن ان کی بلند آہنگی، ذہنی اپج، طباعی، تخیل کی ندرت، طرز ادا کی تازگی ان عیوب کو چھپا لیتی ہے۔

ڈاکٹر ابو محمد سحر لکھتے ہیں۔

"ذوق کا فن تقلیدی ہونے کے باوجود صناعی اور فنکاری کا ایک کامیاب نمونہ ہے۔"

ذوق کے قصائد ان کی پر گوئی اور زبان و بیان پر قدرت کا اظہار ہیں۔ سودا کی پیروی کرنے کے باوجود ان میں سودا کی خصوصیات نہیں ہیں۔ البتہ انہیں سودا کے بعد کے درجہ کا قصیدہ نگار کہا جا سکتا ہے۔۔۔۔۔۔۔۔!!!

* * *

آٹھ دلچسپ و یادگار خاکے

یادیں

مصنف : سید مجاور حسین رضوی

بین الاقوامی یڈیشن منظر عام پر آ چکا ہے

مشہور نعت گو شاعر کے تحریر کردہ خاکے

ورق ورق چہرہ

مصنف : غلام ربانی فدا

بین الاقوامی ایڈیشن منظر عام پر آچکا ہے